RIMES

DE

PÉTRARQUE

RIMES

DE

PÉTRARQUE

Traduction complète en vers

DES SONNETS, CANZONES, SEXTINES, BALLADES

MADRIGAUX ET TRIOMPHES

PAR

JOSEPH POULENC

Membre de la Société des lettres, sciences et arts de l'Aveyron

Deuxième édition, revue et corrigée

TOME SECOND

PARIS

LIBRAIRIE DES BIBLIOPHILES

Rue Saint-Honoré, 338

—

M DCCC LXXVII

DEUXIÈME PARTIE

SONNETS ET CANZONES

APRÈS LA MORT DE LAURE

Comme je l'ai déjà dit, Pétrarque vit Laure pour la première fois le 6 *avril* 1327, à 6 *heures du matin*, le jour du vendredi saint, dans l'église Sainte-Claire, à Avignon. Elle mourut, circonstance à signaler, le 6 *avril* 1348, à 6 *heures du matin*, à Avignon, comme nous l'apprend Pétrarque au soixante-deuxième sonnet du présent volume. Laure était née en 1307.

SONNET I

Oimè il bel viso, oimè il soave sguardo

Il fait l'éloge de Laure en cherchant à soulager la cruelle douleur que lui cause sa mort. Pétrarque était en Vénétie lorsqu'il en apprit la fâcheuse nouvelle.

Tu n'es plus, beau visage, et toi, charmant regard;
Tu n'es plus, fier maintien qui faisais mon martyre;
Tu n'es plus, beau parler qui l'homme enclin à l'ire
Pacifique rendais et le craintif gaillard;

Ce sourire n'est plus d'où s'échappa le dard
Qui fait que la mort seule à présent je désire;
Ame noble, royale et digne d'un empire,
Si tu n'étais venue en ce monde si tard.

Par vous je dois brûler, soutenir l'existence,
Car je fus votre bien; je trouverais plus doux
Le sort le plus cruel que de vivre sans vous.

Vous m'emplîtes le cœur d'amour et d'espérance,
Lorsque je m'éloignai de mon trésor vivant;
Mais nos discours partaient sur les ailes du vent.

CANZONE I

Che debbo io far? che mi consigli, Amore?

La mort de Laure le prive de toute consolation, et il ne vivra que pour chanter ses louanges. Quand le poëte dit que l'âme a brisé le voile qui l'entourait, c'est du corps dont il veut parler.

Que dois-je faire, Amour? que me conseilles-tu?
    Il est bien temps que je meure;
Je suis même fâché d'avoir trop attendu.
Laure est morte, et mon cœur avec elle demeure.
    Voulant courir après lui,
J'appelle donc la fin de mes jours pleins d'ennui.
    Car de la revoir sur terre
Ne pouvant plus compter, tout délai m'exaspère;
    Et ma joie et mes plaisirs
Sont tous par son départ convertis en soupirs.
L'existence n'a plus rien qui puisse me plaire.

Amour, tu le ressens, commun est notre deuil,
    Combien ma perte est pénible!
Je sais qu'à mon malheur tu te montres sensible,
A nos malheurs plutôt: sur un fatal écueil
    S'est brisé notre navire;

Le soleil a cessé de luire en un clin d'œil.
        Quel esprit saurait traduire
La dure affliction de mon fâcheux état ?
        Ah ! monde dur, monde ingrat !
Tu devrais avec moi baigner tes yeux de larmes :
En la perdant, tu perds tes attraits et tes charmes.

Ta gloire a disparu, tu sembles l'ignorer,
        Et durant son existence
Bien peu digne tu fus d'avoir sa connaissance,
Ni de voir son beau pied sur ta surface errer :
        Car une chose si belle
Devait orner le ciel de sa grande clarté.
        Et moi qui, séparé d'elle,
De la vie et de moi me sens si dégoûté,
        Dans les larmes je l'appelle.
Voilà ce qui survit de mon espoir si grand,
Et cela seul encor me soutient maintenant.

En poussière est réduit, hélas ! son beau visage,
        Qui sur terre fut toujours
Des biens du paradis la séduisante image.
Sa belle âme est partie aux éternels séjours,
        Du voile brisant l'étreinte
Qui la fleur de ses ans couvrit dans son enceinte
        Pour de nouveau s'en parer
Plus tard, ne devant plus jamais s'en séparer,

        Lorsque ses formes plus belles
On verra s'égaler aux beautés éternelles,
Et d'autant les beautés d'ici-bas surpasser.

Plus belle devant moi, plus que jamais galante,
        Ma dame se représente,
Sachant que de la voir nul n'est plus satisfait.
Ainsi l'un des soutiens de ma vie elle fait;
        Et ma seconde colonne,
C'est son nom, qui pour moi si doucement résonne.
        Mais quand je me ressouviens
Que le trépas m'a pris mon unique espérance
        A la fleur de l'existence,
Laure, comme l'Amour, sait ce que je deviens,
Car du vrai désormais elle a la jouissance.

O vous qui de vos yeux, Mesdames, avez vu
        Les beautés et la vertu
De cet ange céleste errant sur cette terre,
Pleurez donc, par pitié, sur ma propre misère !
        Non pour elle, qui la paix
Possède, me laissant en guerre pour jamais;
        Mais s'il tarde encore à poindre,
Le jour qu'il me sera donné de la rejoindre,
        L'Amour seul, qui m'entretient,
De ne briser mes nœuds s'empresse de m'enjoindre;
Et dans moi-même alors ce discours il me tient :

« Maîtrise ta douleur, que je trouve trop forte ;
  Car les trop brûlants désirs
Nous font perdre le Ciel, objet de tes soupirs,
Où vivante l'on voit celle que l'on croit morte,
  Qui, de ses restes mortels
Bien peu se souciant, pense à tes maux cruels,
  Priant que sa renommée,
Qui tous les jours au loin par ta langue est semée,
  Ait toujours des reflets tels,
Et que par toi son nom soit rayonnant de gloire,
Si tu conserves d'elle une douce mémoire.

  Fuis tout brillant horizon,
Dès aujourd'hui les chants et les rires délaisse,
  Non les larmes, ma canzon ;
Éloigne-toi des gens avides d'allégresse,
Et veuve, dans ton deuil, nourris-toi de tristesse. »

SONNET II

Rotta è l' alta Colonna e 'l verde Lauro

Il déplore son propre sort, à cause de la double perte de son ami
Colonna et de Laure.

La Colonne est brisée et le Laurier est mort
Dont l'ombre bien-aimée allégeait ma souffrance ;
J'ai perdu ce qu'en vain je chercherais, je pense,
Du levant au couchant, ou bien du sud au nord.

O mort ! tu m'as ravi mon double et beau trésor,
Qui me rendait joyeux et fier de leur présence.
Rien ne saurait pour moi compenser leur absence,
Ni diamants d'Orient ni riches monceaux d'or.

Mais, puisque ainsi le veut ma dure destinée,
Je dois m'y résigner, et, la tête inclinée,
Vivre sans cesse en pleurs et dans le noir chagrin.

L'existence, qu'on croit si belle et si sereine,
Perd trop facilement et dans un seul matin
Ce que pendant des ans on rassemble avec peine !

CANZONE II

Amor, se vuo' ch' i' torni al giogo antico

Si l'Amour ne sait ni ne peut plus redonner la vie à Laure,
il ne craint plus de tomber dans ses piéges.

Si tu veux que ton joug de nouveau je ressente,
Amour, je crois le voir, si tu veux me dompter,
   Tu dois d'abord surmonter
Une épreuve nouvelle, épreuve surprenante :
Rends-moi le doux trésor que j'aimais tendrement !
Sous cette terre il gît... J'en ai si forte envie !
   Rends-le-moi, ce cœur charmant
Où résida toujours la source de ma vie.
Mais, s'il est vrai qu'au Ciel on connaît ton pouvoir
Aussi fort qu'on le dit, même dans les abîmes
(Puisqu'ici les effets du souverain vouloir
   Que sur nous tu peux avoir,
L'âme noble, je crois, les ressent bien intimes),
Ce que la mort m'a pris arrache du tombeau,
Et sur le beau visage étale ton drapeau.

Rends donc à ces beaux yeux cette vive lumière
Qui me guidait ; rends-leur ce foyer chaleureux

Qui m'enflamme étant poussière.
Que faisait-il alors qu'étincelaient ses feux!
Et jamais on ne vit ni les cerfs ni les daines
Plus ardemment chercher les fleuves, les fontaines,
Que moi cet aimé trésor,
Qui m'a fait tant de mal, qui m'en promet encor,
Si je me comprends bien, si je comprends ma flamme,
Qui par le penser seul embrase encor mon âme
Et me fait écarter de tout chemin tracé,
Puis avec l'esprit lassé
Suivre ce que jamais je doute que j'atteigne.
D'écouter ton appel aujourd'hui je dédaigne,
Car tes droits n'ont jamais ton règne outre-passé.

Fais que j'entende encor cette voix ravissante
Qui n'a jamais cessé d'être en mon cœur vibrante,
Qui pouvait tant par ses chants
Réduire la colère et les desseins méchants,
Rendre calme l'esprit troublé par la tempête
En rejetant au loin tout penser malhonnête,
Rendre mon style éclatant
Comme je ne saurais le rendre maintenant.
Fais qu'à mes vifs désirs réponde l'espérance,
Et, puisque l'âme encore a sa toute-puissance,
Rends donc à mon oreille, à mes yeux, leur objet,
Sans lequel est sans sujet
Leur action, sans lui morte est leur existence.

Mais, tant que mes amours dormiront au tombeau,
Tu ne saurais, crois-le, me vaincre de nouveau;

Fais que son beau regard je puisse voir, de grâce,
Qui dans moi dissipait comme un soleil la glace;
   Que je le voie en ces yeux
Où mon cœur s'envola, d'y rester envieux;
Arme-toi de ton arc, de ta flèche dorée,
Et que j'entende encor sa parole adorée
   Qui savait tant me charmer
Et qui m'a bien appris ce que c'est que d'aimer;
Fais mouvoir cette langue abondante de charmes
Qui me firent captif et qui furent tes armes,
Que toujours je désire, et dans ses blonds cheveux
   Cache tes rets à mes yeux,
Nul autre objet ne peut prétendre à ma capture;
De ta main livre au vent sa belle chevelure;
Tout en me liant là tu me rendras joyeux.

Des beaux filets dorés, frisant sans artifices,
Fais que je sente encor les merveilleux effets,
   Et les chaleureux reflets
De son regard si doux, même dans ses sévices,
Qui faisaient constamment dans moi verdir l'amour
Plus que myrte et laurier, la nuit comme le jour,
   Soit quand naissait la verdure
Des champs, soit quand tombait leur brillante parure.

Mais, puisque sans pitié la Mort a pu briser
Ce nœud que je n'aurais jamais pu délaisser
(Son semblable jamais la nature féconde
  Ne produisit dans le monde,
Que sert, pour me reprendre, Amour, de t'épuiser ?
Le temps en est passé, car tu n'as plus ces armes
Qui me faisaient trembler : je ne sens plus d'alarmes.

C'étaient d'abord ses yeux, d'où des flèches de feu
Invisibles sortaient et de vigueur si pleines,
  Qui la raison craignaient peu ;
Vaines contre le Ciel sont les luttes humaines :
Son silence et ses ris, ses jeux et ses chansons,
Son honnête maintien, ses manières sereines,
  Et les mélodieux sons
De sa voix, qui rendaient aimable une âme vile ;
Son angélique aspect, si modeste et tranquille,
Que j'entendais louer alternativement ;
Sa marche et son repos, qui par leur excellence
  Faisaient douter fréquemment,
Lequel des deux avait droit à la préférence.
Ces armes t'assuraient la palme du vainqueur :
Te voilà désarmé, j'ai cessé d'avoir peur.

Ceux qui de par le Ciel ta puissance subissent,
Sous mille jougs divers tu peux les enchaîner ;
  Mais que d'autres nœuds m'unissent,

Le Ciel ne veut : un seul tu pus donc me donner.
Il est brisé ; pourtant la liberté me gêne,
Je pleure et je m'écrie : Hélas ! noble beauté,
      Quelle haute volonté
M'enchaîna le premier, rompit d'abord ta chaîne ?
Dieu, qui trop promptement t'a ravie aux humains,
N'étala sous nos yeux tes vertus éclatantes
Que pour rendre en nos cœurs les flammes plus ardentes.
      Désormais donc je ne crains
Plus de blessure, Amour, nouvelle de tes mains.
Laisse donc là ton arc, ton but est insensible ;
Ses beaux yeux sont fermés, ton dard n'est plus nuisible.

Tous tes liens, Amour, sont rompus par la mort...
Celle que j'aimais tant au Ciel s'est envolée,
Me laissant l'existence et libre et désolée.

SONNET III

L' ardente nodo ov' io fui d' ora in ora

L'Amour voudrait le séduire de nouveau, mais la mort a brisé
ses chaînes et l'a rendu libre.

Le trépas a brisé le nœud que j'ai porté
Pendant vingt et un ans, comptés heure par heure ;
Et je doute à présent que de douleur on meure,
Car jamais d'un tel poids je ne m'étais lesté.

L'Amour, qui ne voulait me voir en liberté,
D'autres filets dans l'herbe établit en demeure,
Et d'un feu tout nouveau voulut me prendre au leurre,
Tel qu'avec peine j'eusse ensuite déserté.

Que si je n'avais eu ma grande expérience,
J'étais pris et brûlé sans nulle résistance,
D'autant plus promptement que je ne suis bois vert.

La Mort une autre fois a libéré mon âme,
Rompu mes nœuds, éteint et dispersé ma flamme :
Contre elle rien ne peut nous tenir à couvert.

SONNET IV

La vita fugge e non s'arresta un' ora

Laure étant morte, le passé, le présent, l'avenir, tout est pour lui peines et tourments.

La vie alerte fuit, ne s'arrête au passage ;
Derrière vient la mort d'un pas précipité.
Le passé, le présent, m'ont toujours molesté,
Et j'attends du futur un semblable dommage.

Le souvenir, l'attente, épuisent mon courage,
Et de mille façons, et tant qu'en vérité,
Si de moi je n'avais une grande pitié,
De vivre et de penser j'aurais perdu l'usage.

Si mon cœur désolé quelque douceur parfois
Savoura, j'y repense, et d'autre part je vois
Mon esquif ballotté par des vents bien contraires.

Ma fortune est au port ; déjà mon nautonier
N'a plus de force au bras, sans mâts est mon voilier,
Et bien éteintes sont mes deux belles lumières.

SONNET V

Che fai? che pensi? che pur dietro guardi

Il invite son âme à s'élever vers Dieu, et à renoncer aux vanités
du monde.

Ma pauvre âme, à quoi bon regarder en arrière
Ce temps qu'on ne saurait faire rétrograder?
Que fais-tu donc ainsi? pourquoi donc ajouter
Du bois dans ton brasier, déjà si délétère?

Ses regards si touchants, sa parole si chère,
Que tu sus tellement me dépeindre et vanter,
Ne sont plus ici-bas, et tu ne peux douter
Que tu comptes en vain les retrouver sur terre.

Laisse là ces projets, qui sont pernicieux;
Ne suis plus ces pensers séduisants qui nous nuisent,
Mais bien ceux qui tout droit au vrai but nous conduisent.

Tout ici nous déplaît; tournons-nous vers les cieux,
Car, pour notre malheur, nous a trop su séduire
La beauté qui devait, vive ou morte, nous nuire.

SONNET VI

Datemi pace, o duri miei pensieri

Il ne peut jamais avoir la paix avec ses pensers, et c'est la faute
de son cœur, qui leur donne asile.

Laissez-moi, durs pensers qui faites mon supplice :
C'est assez qu'au dehors contre moi se soient mis
La Fortune et l'Amour et la Mort réunis,
Sans que d'autres guerriers dans moi je trouve en lice.

Toi, mon cœur, que n'es-tu, sans changer de caprice,
Déloyal pour moi seul ? Après avoir admis
Telle escorte en ton sein, de tous mes ennemis
Si prompts et si légers tu te fais le complice.

Ses secrets messagers dans toi cache l'Amour,
La Fortune déploie en toi toute sa gloire,
Et la Mort cache en toi de ce coup la mémoire

Qui devrait en finir avec mon dernier jour ;
Dans toi les doux pensers s'arment d'outrecuidance ;
J'accuse aussi toi seul de ma longue souffrance.

SONNET VII

Occhi miei, oscurato è 'l nostro Sole.

Blâmé à tort par ses sens, il cherche à les calmer par la pensée du ciel.

Mes yeux, notre Soleil voile son auréole ;
Que dis-je ? il est au Ciel, qui le trouve éclatant ;
Nous l'y verrons encore, et même il nous attend ;
De notre long retard peut-être il se désole.

Mes oreilles, là-haut l'angélique parole
Résonne où beaucoup mieux qu'ici-bas on l'entend ;
Votre pouvoir, mes pieds, jusque-là ne s'étend
Où gît celle qui fit votre démarche folle.

Pourquoi donc cherchez-vous toujours à m'éprouver ?
Si vous ne pouvez plus sur terre la trouver,
Ni la voir, ni l'entendre, en suis-je, moi, la cause ?

Blâmez plutôt la Mort, et bénissez Celui
Qui lie et qui délie, et tout au mieux dispose,
Et qui fait succéder la joie aux pleurs d'autrui.

SONNET VIII

Poi che la vista angelica serena

Ayant perdu l'unique remède aux maux de cette vie, il ne désire plus que la mort.

Puisque la douce vue, angélique et sereine,
A laissé par sa mort, dans une sombre horreur,
Mon âme qui succombe à sa grande douleur,
Je cherche en discourant à tempérer ma peine.

Un chagrin légitime à me plaindre m'entraîne ;
L'Amour sait comme Laure, auteur de mon malheur,
Que je n'ai jamais eu d'autre remède au cœur
Pour calmer les ennuis dont cette vie est pleine.

Ce seul remède, ô Mort ! m'est ravi par ta main
Et par toi, sol heureux, qui cet astre adorable
Nous caches, et le tiens pour toi seul dans ton sein.

Où me laisses-tu donc, aveugle, inconsolable,
Depuis que mon Soleil si doux, si gracieux,
A cessé de briller pour toujours à mes yeux ?

SONNET IX

S' Amor novo consiglio non n' apporta

Il n'a plus d'espoir de la revoir ; néanmoins il se console en se
la figurant telle qu'elle est dans le ciel.

Si l'Amour n'a pitié de mon malheureux sort,
De ma prison terrestre il faudra que je sorte ;
Ma tristesse est si grande et ma frayeur si forte,
Que mon désir survit quand mon espoir est mort.

Aussi ma vie est-elle à bout de tout effort,
Je pleure nuit jour et je me déconforte,
Sans gouvernail je vogue, et sans fidèle escorte,
Sur une mer qui brise et m'éloigne du port.

Je suis l'impulsion d'un guide imaginaire ;
Mon vrai guide est sous terre, ou plutôt dans les Cieux,
Où mon cœur l'entrevoit plus brillante et plus claire.

Mes yeux, non, car un voile obscur et douloureux
Les prive de sa vue et de sa douce image ;
Et mes cheveux sont blancs bien longtemps avant l'âge !

SONNET X

Nell' età sua più bella e più fiorita

Il voudrait mourir sans délai, pour qu'alors son âme puisse la suivre, comme aujourd'hui sa pensée.

A l'âge où nous sentons l'amour plus vigoureux,
A la fleur de ses jours, quand elle était plus belle,
Ma Laure, mon soutien, alors m'a privé d'elle,
Délaissant sa prison terrestre en ces bas lieux.

Vivante, belle et nue, elle est montée aux cieux,
D'où s'exerce sur moi sa puissante tutelle.
Que ne brise-t-il donc mon écorce mortelle,
Mon dernier jour, premier du sort le plus heureux !

Et, comme mes pensers vont toujours à sa suite,
Que mon âme s'envole après elle et bien vite,
Et je verrai la fin de mes maux incessants.

Tout délai fait pour moi la douleur plus cuisante,
Et me rend l'existence extrêmement pesante.
Qu'il eût fait beau mourir aujourd'hui fait trois ans !

SONNET XI

Se lamentar augelli, o verdi fronde

Partout où il se trouve, il lui semble la voir; il croit même
l'entendre parler.

Si le chant des oiseaux, si le bruit des zéphyrs
Agitant mollement la feuille verdoyante,
Si le murmure sourd de l'onde transparente
J'entends sur quelque bord bien propice aux loisirs,

De la place où j'écris ces amoureux désirs,
Je la vois, je l'entends et je la crois vivante,
Celle qu'on vit si peu, qui sous terre est latente,
Et de si loin répond à mes brûlants soupirs.

« Que sert de te soumettre à si mortelle épreuve ?
Dit-elle avec pitié; pourquoi donc un tel fleuve
De larmes de douleur s'épanche de tes yeux ?

« Ne pleure point mon sort, car en mourant sur terre
Je devins immortelle, et ma close paupière
Se rouvrit pour toujours en la cité des Cieux. »

SONNET XII

Mai non fu' in parte ove sì chiar vedessi

Dans sa solitude il se rappelle de ses anciens liens d'amour,
et il méprise les nouveaux.

Ce sonnet ayant été traduit en patois provençal par l'illustre poëte Frédéric Mistral, j'ai cru faire plaisir au lecteur en le reproduisant à la fin de ce volume.

Jamais si clair qu'ici n'apparut à mes yeux
Ce que je veux revoir depuis sa longue absence ;
Jamais le Ciel n'ouït de tels cris amoureux,
Et nulle part je n'eus si belle indépendance ;

Comme aussi nul vallon n'offrit telle abondance
De lieux pour soupirer, ni plus silencieux,
Et si beaux nids en Chypre et sous nuls autres cieux
L'Amour n'a possédés, c'est ma ferme croyance.

Les eaux parlent d'amour, et l'herbe et les rameaux,
Les poissons et les fleurs, les zéphyrs, les oiseaux,
Me priant tous en chœur d'entretenir mes flammes.

Mais toi, si noble esprit, qui du Ciel me réclames,
Fais donc qu'en souvenir de ton cruel trépas
Je méprise le monde et ses plus doux appas.

SONNET XIII

Quante fiate al mio dolce ricetto

la voit à Vaucluse sous diverses apparences et compatissante envers lui.

Combien de fois je vais dans ces retirés lieux,
Pour fuir le monde et puis, s'il se peut, ma personne,
Chassant par mes soupirs l'éther qui m'environne,
Baignant l'herbe et mon sein avec mes tristes yeux!

Que de fois je vais seul, pensif et soucieux,
Dans des réduits obscurs où l'horreur tant foisonne,
Cherchant par le penser cette dame si bonne,
Victime de la Mort, si sourde à tous mes vœux!

Tantôt comme une nymphe, ou toute autre déesse
Qui du fond transparent de la Sorgue se dresse,
Elle va se poser sur son bord verdoyant,

Et tantôt je la vois dans la fraîche prairie,
Qui foule aux pieds les fleurs comme une dame en vie,
Et paraît voir mon sort d'un œil compatissant.

SONNET XIV

Alma felice, che sovente torni

Il la remercie de ce qu'elle vient de temps en temps le consoler par sa présence.

Heureux esprit qui viens par de fréquents retours
Tempérer de mes nuits l'éternelle souffrance
Par tes yeux, dont la mort n'a détruit la puissance,
Mais qu'elle a décorés de célestes atours;

Combien je suis charmé que mes malheureux jours
Tu daignes égayer par ta douce présence !
Et je retrouve ainsi la douce jouissance
De tes rares beautés dans tes aimés séjours,

Où durant si longtemps j'allai chanter tes charmes.
Aujourd'hui, tu le vois, en pleurant je m'y rends,
Et mon sort, non le tien, me fait verser des larmes.

Et, lorsque tu reviens, je connais et j'entends
Ta démarche, ta voix, tes traits et tes parures;
C'est là le seul répit à mes peines si dures.

SONNET XV

Discolorato hai, Morte, il più bel volto

Les apparitions touchantes de Laure viennent tempérer sa douleur.

O Mort ! tu l'as pâli le plus beau des visages ;
Tu les as bien éteints, ô Mort, les plus beaux yeux,
Et brisé les liens plaisants et gracieux
Qui retenaient cet ange enchaîné sur ces plages.

En un instant tu m'as pris tous mes avantages ;
Tu l'as rendu muet, le plus mélodieux
Des langages, et moi triste et bien soucieux.
Ce que j'entends et vois vient grossir mes dommages.

Pour calmer les accès de mes grandes douleurs,
Ma dame m'apparaît douce et compatissante :
Voilà le seul remède à mes cuisants malheurs.

Et si comme elle parle et comme elle est brillante
Je pouvais raconter, l'amour par mes discours
Enflammerait les cœurs, même celui de l'ours.

SONNET XVI

Si breve è 'l tempo e 'l pensier si veloce

Il se réjouit de l'avoir présente dans sa pensée, néanmoins il trouve ce soulagement insuffisant.

Le penser est si prompt, le temps si court je vois,
Qui me rendent parfois mon idole ainsi morte,
Que le remède est bref pour ma douleur si forte;
Mais, tant que je la vois, bienheureux je me crois.

L'Amour, qui m'a lié, qui me tient sur la croix,
Frémit quand il la voit paraître sur la porte
De mon âme qui meurt de la voir de la sorte,
Si plaisante est sa vue et si douce sa voix.

Comme dans son logis elle entre avec prestesse,
Et bannit de mon cœur plongé dans la tristesse
Les plus sombres pensers par son front radieux;

L'âme, qu'un tel éclat a bien vite éblouie,
S'écrie en soupirant : Que l'heure soit bénie
Du jour que ce sentier fut ouvert par vos yeux !

SONNET XVII

Nè mai pietosa madre al caro figlio

Elle descend du ciel pour lui conseiller la vertu et d'élever
promptement son âme vers Dieu.

Jamais à son époux épouse aimante et sage,
Jamais mère à son fils, dans un moment douteux,
N'ont donné des conseils plus sains, plus précieux,
Avec tant de soupirs, en un pareil langage,

Que celle qui, voyant de la céleste plage
Mon chagrin si cuisant, mon exil douloureux,
Vient souvent me trouver d'un air affectueux.
D'une double pitié décorant son visage,

Soit de mère ou d'amante, et timide ou montrant
Les plus honnêtes feux, elle me fait connaître
Ce qui, pour mon salut, bon ou mauvais peut être,

De la vie ici-bas les mécomptes nombrant,
Priant que sans tarder mon âme au Ciel s'élève;
Et seul son doux parler me donne paix ou trêve.

SONNET XVIII

Se quell' aura soave de' sospiri

Compatissante, elle vient le consoler par ses conseils, et il ne peut
se refuser à les suivre.

Si le souffle si doux des soupirs que j'écoute
De celle qui jadis captiva tant mes yeux,
Que je crois voir encor (quoiqu'elle soit aux Cieux)
Vivant, aimant, marchant sous la céleste voûte,

Je pouvais le dépeindre, de beaux feux, je n'en doute,
Feraient naître mes vers ! si pieuse en tous lieux
Elle me suit, craignant ou quelque arrêt fâcheux,
Ou que je ne recule, ou que je n'erre en route.

« Va tout droit », me dit-elle. Et moi qui les doux sons
De sa voix suppliante et ses chastes avances
Si bien comprends et sens et ses justes instances,

Je dois mettre à profit ses aimables leçons.
Et comment résister à son dire, à ses charmes,
Qui pourraient d'un rocher faire couler des larmes !

SONNET XIX

Sennuccio mio, benchè doglioso e solo

Sennuccio étant mort, il le prie de faire connaître à Laure le triste état de sa situation. Le troisième ciel dont parle Pétrarque était le séjour des amants.

O cher Sennuccio ! quoiqu'ici solitaire,
Triste et privé de toi, je suis parfois joyeux
En pensant que ton âme a volé vers les Cieux :
Sur terre elle était morte et du corps prisonnière.

Tu contemples de là l'un et l'autre hémisphère,
Les astres vagabonds, leurs parcours sinueux,
Et la faible portée où parviennent nos yeux.
Moi, mon deuil par ta joie ici-bas je tempère.

Daigne donc présenter dans le troisième Ciel
Mes saluts à Guiton, à Cino, puis au Dante,
A notre cher François, à la cohorte aimante ;

Dis à ma dame aussi que mon sort est cruel,
Que toujours dans les pleurs, et devenu sauvage,
De ses vertus je parle et de son beau visage.

SONNET XX

I' ho pien di sospir quest' aer tutto,

En contemplant les lieux où elle prit naissance et où elle mourut,
il soulage par ses soupirs l'amertume de son affliction.

Toujours de mes soupirs l'atmosphère résonne,
Quand sur ces durs coteaux je vois le lieu serein
Où celle vit le jour qui, tenant en sa main
Mon cœur dès mon printemps jusques à mon automne,

S'est envolée au Ciel, et tant de deuil me donne,
Par son départ si prompt, que de ce lieu lointain
Mes yeux à la chercher se fatiguent en vain,
Et tout site près d'eux de leurs larmes foisonne.

Nulle tige on ne voit, nul roc sur ce coteau,
Ni feuilles ni rameaux sur cette verte plage,
Ni, dans ces beaux vallons, nulle fleur, nul ombrage;

De ces sources ne sort même une goutte d'eau,
Et dans ces bois il n'est de bêtes si cruelles
Qui ne sachent combien mes peines sont mortelles.

SONNET XXI

L' alma mia fiamma oltra le belle bella

Il connaît actuellement combien elle était sage en se montrant sévère envers lui.

Mon idole, qui fut beauté d'élection,
Et sur terre eut de Dieu les faveurs et la grâce,
A trop vite pour moi repris au Ciel sa place,
Au Ciel, où l'attendait sa constellation.

Mais voici le réveil, je vois qu'elle eut raison
De toujours dédaigner ma passion vivace
Et de bien tempérer ma juvénile audace
Par son aspect sévère et plein d'attention.

Oui, je le reconnais, oui, son conseil fut sage,
Par ses dédains si doux et par son beau visage,
Brûlant, elle m'a fait penser à mon salut!

O le bel artifice! O la belle victoire!
L'œil chez elle et ma langue ont bien atteint le but :
Elle a fait ma vertu, mais moi je fais sa gloire.

SONNET XXII

Come va 'l mondo! or mi diletta e piace

Il appelait cruelle celle qui le menait dans le sentier de la vertu ;
il s'en repent et lui en témoigne sa reconnaissance.

Ainsi le monde va ! j'aime présentement
Ce qui tant me déplut, et je vois sans mystère
Que j'ai pour mon salut bien souffert la misère,
Pour l'éternelle paix un court engagement.

O trompeuse espérance, ô faux enchantement,
Qui tant de dupes font dans l'amoureuse sphère !
Elle aurait eu grand tort de vouloir me complaire
Celle qui gît sous terre et plane au firmament.

Mais mon amour aveugle et mon âme sans crainte
M'égaraient tellement que leur vive contrainte
Malgré moi me poussait où m'attendait la mort.

Béni soit son refus, qui vers un meilleur port
Sut diriger ma course, et qui, rendant inerte
Ma folle passion, sut conjurer ma perte.

SONNET XXIII

Quand'io veggio dal ciel scender l' Aurora

Triste la nuit et le jour, il croit la voir au lever de l'aurore,
et sa souffrance redouble.

Chaque fois que du ciel je vois venir l'aurore
Au teint couleur de rose, au beau cheveu doré,
Je sens l'amour ; mon front vite est décoloré,
Et, soupirant, je dis : Là maintenant est Laure.

O bienheureux Titon ! ton cœur d'amant n'ignore
L'heure où doit revenir ton trésor adoré.
Que dois-je faire, moi, de l'amour dévoré,
Qui n'ai plus qu'à mourir pour la revoir encore ?

Que vos adieux sont loin d'être pour vous si durs !
Au moins, quand la nuit vient, tu vois celle qui peigne
Ta blanche chevelure et qui ne la dédaigne ;

Quand tristes fait mes nuits et tous mes jours obscurs
Celle qui mes pensers a pris en sa puissance,
Me laissant son nom seul pour toute jouissance.

SONNET XXIV

Gli occhi di ch' io parlai si caldamente

Il cesse de parler de ses grâces et de ses vertus qui ne sont plus.

Ces bras, ces mains, ces pieds et ce brillant visage,
Ces yeux dont j'ai parlé si chaleureusement,
Qui m'avaient transformé, mais si complétement
Que j'étais devenu l'être le plus sauvage,

Et ces cheveux d'or pur à l'éclatant mirage,
Les éclairs de son rire angélique et charmant,
Qui faisaient de la terre un paradis vraiment,
La Mort a tout réduit en poudre dans sa rage.

Et moi je leur survis : que je suis malheureux
De me voir séparé de ma si chère étoile,
Battu par la tempête en un vaisseau sans voile !

Que ce soit donc la fin de mes chants amoureux ;
De ma verve je sens la source bien tarie,
Et dès ce jour ma joie est en pleurs convertie.

SONNET XXV

S' io avessi pensato che sì care

Il reconnait tardivement combien ses rimes d'amour furent bien agréées ; il voudrait bien les perfectionner davantage, mais il ne peut.

Si j'avais pu prévoir que le son de mes rimes,
Écho de mes soupirs, au monde tant plaisait,
J'aurais pu, dans le temps que mon amour naissait,
Les faire en plus grand nombre et même plus sublimes.

Mais Laure n'étant plus qui toujours sur les cimes
De mon esprit planait et qui le remplissait,
Je ne puis plus (car seule elle m'électrisait)
Polir mes vers, qui sont par leur rudesse infimes.

En ce temps je n'avais qu'un but dans mes labeurs,
De calmer les douleurs de mon âme enflammée,
Sans courir nullement après la renommée.

Je recherchais les pleurs, non l'honneur dans mes pleurs.
Je veux plaire aujourd'hui, mais Laure me commande
De la suivre en silence, et ma fatigue est grande.

SONNET XXVI

Soleasi nel mio cor star bella e viva

Laure morte, il a perdu tout bien, il ne lui reste plus qu'à soupirer.

Belle et vive en mon cœur elle restait sans cesse,
Comme une grande dame en un lieu simple et bas;
Mais, hélas! à présent, tandis qu'elle est déesse,
Moi je suis non mortel, mais mort par son trépas.

L'amour tout pauvre et nu de sa belle richesse
Mon âme dont la vie a perdu tout appas,
Devraient faire éclater un rocher de tristesse;
Mais ce sont des douleurs qu'on ne raconte pas.

J'entends dans moi leurs pleurs; pour d'autres ce mystère
Demeure inaperçu. Si grand est mon tourment,
Qu'il ne me reste plus qu'à gémir constamment.

Oui, l'homme, en vérité, n'est qu'ombre et que poussière;
Oui, bien aveugle et folle est notre passion;
Oui, l'espérance est bien une déception!

SONNET XXVII

Soleano i miei pensier soavemente

Il ne pensait qu'à elle ; il espère que maintenant elle daignera tourner ses regards sur lui.

Durant leurs entretiens sur leur si doux trésor,
Mes pensers se disaient : Lasse de résistance,
La pitié se repent de son indifférence.
Pour nous Laure, peut-être, espère ou craint encor.

Puisque son dernier jour et la cruelle Mort
Ont privé les mortels de sa chère présence,
Moi j'en ai conservé cette unique espérance
Qu'elle doit voir du Ciel mon déplorable sort.

O prodige charmant ! âme bien fortunée !
O beauté sans pareille ! ô rare destinée
Qui vite a regagné son céleste berceau !

Elle y reçoit le prix de sa grande sagesse,
Celle qui dans ce monde a porté le plus haut
Ses sublimes vertus et mon ardente ivresse.

SONNET XXVIII

I' mi soglio accusare; ed or mi scuso

Il se plaignait à tort de l'aimer ; maintenant il s'estime heureux
de mourir infortuné pour elle.

Moi qui tant m'accusais, je change de langage,
Et je suis glorieux, loin d'en être fâché,
Du mal amer et doux que j'ai longtemps caché
Et de mon amoureux et prolongé servage.

Pourquoi, Parque envieuse, as-tu donc dans ta rage
Rompu le fil charmant qui tenait attaché
Mon trésor à la vie, et ce beau dard haché,
Dont la mort a paru plus belle que d'usage ?

Car, tant qu'elle vécut, l'homme le plus joyeux,
Le cœur le moins captif, toute âme délirante,
Eussent laissé l'objet le plus délicieux ;

Préférant affronter pour elle la tourmente
Que d'en louer une autre ; et voulant d'un tel sort
Ne point se départir, même au prix de la mort.

SONNET XXIX

Due gran nemiche insieme erano aggiunte

Il rendra immortelle cette femme, dans laquelle l'honnêteté et la beauté
vivaient en parfaite harmonie.

En elle résidaient deux grandes ennemies,
La beauté, la pudeur ; mais telle affection
Les lia que jamais nulle rébellion
N'eut lieu depuis le jour qu'elles furent unies.

Maintenant par la mort elles sont désunies :
L'une est au Ciel, si fier de sa possession ;
L'autre est sous terre, où sont ces beaux yeux en prison
D'où les flèches souvent de l'amour sont parties.

Le maintien ravissant et le charmant regard
Qui perforait mon cœur, qui toujours me torture,
Le parler humble et sage et de haute nature,

Ne sont plus ici-bas. Si je mets du retard
A les suivre, peut-être est-il permis de croire
Que ma plume pourra couvrir son nom de gloire.

SONNET XXX

Quand' io mi volgo indietro a mirar gli anni

En parcourant sa vie passée, il réfléchit et reconnaît
sa propre misère.

Quand je me ressouviens que mes douces pensées
Par la suite des ans ont tellement changé
Qu'éteints sont et le feu dont froid j'étais rongé,
Et mon repos si plein de peines entassées ;

Que mes illusions d'amour sont dispersées,
Qu'en deux lots seulement mon bien est partagé,
Le premier pour le Ciel, l'autre au sol adjugé ;
Que j'ai perdu tout gain de mes peines passées,

Le frisson me saisit... Je vois si nu mon sort
Que je suis envieux du sort le plus extrême,
Tant est grand mon chagrin, tant j'ai peur de moi-même !

Triste étoile ! ô fortune ! ô déplorable mort !
O pour moi toujours douce et cruelle journée !
C'est vous qui m'avez fait ma sombre destinée !

SONNET XXXI

Ov' è la fronte che con picciol cenno

La perte de Laure est immense, parce que ses beautés étaient
rares et sans pareilles.

Où donc est-il, ce front dont le moindre signal
Faisait mouvoir mon cœur et de toute manière ?
Où sont-ils, les beaux cils et la double lumière
Qui vivants me servaient de guide et de fanal ?

Où donc est le savoir et du bien et du mal,
Et la parole douce, honnête, humble et sincère ?
Où l'essaim des beautés qui savaient tant me plaire,
Dont j'ai longtemps senti l'empire sans égal ?

Où donc est-il, l'aspect du bienveillant visage
Qui donnait à mon âme ombre, paix et courage,
Qui prit sur mes pensers un pouvoir surhumain ?

Et celle qui ma vie eut toujours dans sa main ?
O monde ! je te vois dépouillé de tes charmes !
Et vous, mes yeux, jamais ne tariront vos larmes !

SONNET XXXII

Quanta invidia io ti porto, avara terra

Il envie à la terre, au ciel, à la mort, le bien sans lequel
il ne saurait vivre.

Que je te porte envie, avare et sombre terre,
Toi qui peux embrasser l'objet que j'ai perdu !
L'aspect du beau visage est par toi défendu
D'où me venait toujours le calme dans ma guerre !

Combien je porte envie au Ciel qui seul l'enserre,
L'esprit, du beau lien terrestre libre et nu,
L'ayant par égoïsme invisible rendu,
Quand pour si peu d'humains sa porte se desserre

Combien je porte envie aux âmes dont le sort
Est d'être maintenant en sa sainte présence,
Moi qui la recherchais avec persévérance !

Combien je porte envie à l'inhumaine mort !
Elle a tari ma vie en me prenant ma belle ;
Elle est dans ses beaux yeux, pourquoi ne me prend-elle ?

SONNET XXXIII

Valle che de' lamenti miei se' piena

Il revoit Vaucluse, ses yeux la reconnaissent et la trouvent la même,
mais il n'en est pas de même pour son cœur.

Vallon qui de ma plainte es tout retentissant,
Et vous, charmants oiseaux, et vous, bêtes sauvages,
Vous, poissons qui nagez entre deux verts rivages,
Toi, fleuve qui grossis de mes pleurs et souvent;

Air que mes soupirs font tiède et resplendissant,
Doux sentier qui mon cœur désormais ne soulages.
Coteau qui tant me plus, à pleurer qui m'engages
Où me mène l'amour par coutume à présent,

Tels que je vous connus, tels vous êtes encore ;
Moi, je suis bien changé, car le deuil me dévore
Maintenant, moi jadis si content, si joyeux.

De là je la voyais, et, marchant sur ses traces,
Je reviens voir ce lieu d'où partit vers les Cieux
L'âme, laissant au sol sa dépouille et ses grâces.

SONNET XXXIV

Levommi il mio pensier in parte ov' era

Par la pensée il monte au Ciel. Il la voit, il l'entend, et dans
son bonheur il y reste presque.

Sur l'aile du penser je montai dans les Cieux,
Où vit celle qu'en vain je cherche sur la terre.
Là, dans le beau circuit qui les amants enserre,
Je la revis plus belle et moins fière des yeux ;

Et, me prenant la main, elle dit : « En ces lieux
Tu seras avec moi, si ma volonté n'erre ;
Car c'est moi qui te fis une si longue guerre,
Qui jeune encore ai fait au monde mes adieux.

Je n'attends que toi seul, et ma prison mortelle,
Qui pour toi fut si chère et que le sol recèle,
Mon grand bonheur échappe à tout esprit humain. »

Pourquoi donc se tut-elle et me rendit ma main ?
Car, séduit par l'appât de son touchant présage,
Peu s'en fallut qu'au Ciel me retînt son langage.

SONNET XXXV

Amor, che meco al buon tempo ti stavi

Il adoucit sa douleur en compagnie de tout ce qui fut témoin
de son bonheur passé.

Toi qui dans mes beaux jours, Amour, sur ce rivage
Ami de nos pensers avec moi séjournais,
Où souvent avec toi jadis je raisonnais
De mon deuil, de ma joie, en parcourant la plage ;

Herbes, fleurs et rameaux, antres, zéphyrs, ombrage,
Vallons clos et coteaux vers le soleil tournés,
Où quand l'amour lassait mon cœur je retournais,
Comme en un port, pour fuir la tempête et l'orage ;

Vous qui dans les bois verts choisissez vos séjours,
Vous, nymphes, vous, poissons, qui dans l'onde limpide
Séjournez et vivez dans son cristal liquide,

Quand ils étaient si clairs, si sombres sont mes jours,
Tels que la Mort les fait. Ainsi chacun sur terre
Suit l'arrêt du destin, soit en paix, soit en guerre.

SONNET XXXVI

Mentre che 'l cor dagli amorosi vermi

Si elle n'était pas morte si jeune, il aurait chanté plus dignement
ses éloges.

Tant que mon cœur rongé par le ver amoureux
Je sentis et l'amour bouillonner dans ma veine,
Je recherchai les pas d'une femme inhumaine
Sur les coteaux déserts, dans les bois ténébreux.

Et j'accusai l'Amour dans mes chants douloureux,
Et celle que je vis si rarement sereine ;
Mais mon talent, mes vers, étaient de courte haleine
A l'âge où le penser est jeune et moins nerveux.

Ce feu n'est plus : un marbre étroitement l'enserre.
Que si, comme il arrive à d'autres sur la terre,
Jusqu'à des jours plus mûrs il eût pu parvenir,

Mes vers dont, je le sens, la source va tarir,
Ma parole et mon style, auraient dans ma vieillesse
Fait éclater les rocs en larmes de tendresse.

SONNET XXXVII

Anima bella, da quel nodo sciolta

Il supplie Laure qu'elle daigne au moins du haut du Ciel tourner vers lui un regard doux et compatissant, et d'oublier ce qui se passait pendant sa vie à Avignon.

Noble âme qui n'es plus dans ce corps éclatant
(La nature ne fit jamais plus belle chaîne),
Considère du Ciel combien grande est ma peine ;
Vois mes larmes couler, moi jadis si content.

J'ai banni de mon cœur cette erreur qui longtemps
De douce te faisait faussement inhumaine
Et de nature acerbe ; à présent donc ramène
Sur moi tes yeux sans crainte, et mes soupirs entends.

Regarde le rocher d'où la Sorgue s'empresse
De jaillir, et tout près tu verras ce mortel
Qui de ton souvenir seul vit et de tristesse.

Mais couvre d'un oubli dédaigneux, éternel,
Ton terrestre séjour, qui notre amour vit naître,
Où ce qui te déplut n'a jamais cessé d'être.

SONNET XXXVIII

Quel Sol che mi mostrava il cammin destro

Désolé, il cherche, et, ne la trouvant pas, il conclut qu'elle est donc montée au ciel.

Ce Soleil qui tout droit vers la vie éternelle
M'apprenait à marcher par des faits glorieux,
M'a caché sa lumière et regagné les cieux,
Abandonnant au sol sa dépouille mortelle;

Et depuis je ressemble à la bête cruelle :
Je vais à pas errants, isolé, soucieux,
Au monde qui pour moi n'est qu'un désert affreux,
Le cœur triste, et baissant mon humide prunelle.

Et toujours je la cherche à travers les pays
Où je l'ai déjà vue ; et toi, qui tant me nuis,
Amour, tu suis ma trace et mes pieds tu diriges.

Je ne puis la trouver ; mais tous ses saints vestiges
Je vois dans les sentiers des bienheureux séjours,
Loin du Styx, de l'Averne, aux ténébreux parcours.

SONNET XXXIX

Io pensava assai destro esser su l'ale

Elle était si belle, qu'il se juge indigne de l'avoir vue, et aussi de faire son éloge.

J'aurais cru que mon chant serait assez puissant,
Surtout avec l'appui de mon aimante audace
Pour louer dignement ce nœd si plein de grâce,
Qui, brisé par la mort, n'en est pas moins pressant.

A l'œuvre je me vis plus lent, plus fléchissant
Qu'un rameau délicat qui sous la charge casse;
Et je dis : Il veut choir celui qui trop embrasse;
L'homme ne peut saillir quand le Ciel n'y consent.

L'esprit le mieux ailé ne saurait point atteindre,
Tout style et toute langue oseraient en vain peindre
Ce lien dont le sort a mon cœur enchaîné.

L'Amour, pour lui donner l'éclat le plus insigne,
Mit un soin si constant que j'étais bien indigne
De la voir seulement : je fus prédestiné.

SONNET XL

Quella per cui con Sorga ho cangiat' Arno

Il essaye de peindre ses beautés, mais il n'oserait peindre ses vertus.

Celle pour qui j'aimai moins l'Arno que la rive
De la Sorgue, et bien moins l'or que la pauvreté,
En aigreur a changé la douce aménité
Dont je vécus : de là ma souffrance si vive.

Et vainement j'ai fait souvent la tentative
De peindre ses beautés si rares. J'ai chanté,
Voulant la faire aimer de la postérité ;
Mais à rendre ses traits tels qu'ils sont je n'arrive.

Ses mérites si grands, qu'on vit aussi nombreux
Que les astres épars sous la voûte des cieux,
J'en ai fait quelquefois une faible peinture ;

Mais quand je veux parler de son âme si pure,
Qui fut un beau soleil (trop prompt fut son départ),
Le courage me manque, et le génie et l'art.

SONNET XLI

L'alto e novo miracol ch' a' dì nostri

Laure est une merveille; aussi il lui est impossible d'en décrire
les perfections.

La merveille étonnante et tellement nouvelle
Que notre âge entrevit, qui trop tôt s'envola,
Qui le Ciel nous montrait, quand il la rappela
Aussitôt pour orner sa demeure éternelle,

Je dois la peindre à ceux qui ne furent près d'elle :
L'Amour le veut, lui qui ma langue délia,
Et mille fois en vain mon savoir épuisa,
Encre, papier et temps, pour une œuvre si belle.

Les rimes ne pourraient (je le vois à regret)
Atteindre un but si grand, et tous ceux-là le sentent
Qui parlent de l'amour, comme ceux qui le chantent.

Celui qui pense bien, qu'il se dise en secret :
Tout style est impuissant ; qu'il soupire et s'écrie :
O bienheureux les yeux qui la virent en vie !

SONNET XLII

Zefiro torna, e 'l bel tempo rimena.

Le printemps, qui est gai pour tout le monde, l'attriste en lui rappelant sa grande perte. Vénus était la déesse du printemps.

Quand le zéphir revient, aussitôt dans la plaine
On voit l'herbe et les fleurs partout se réveiller;
Philomèle il fait geindre et Progné gazouiller,
Et le printemps reprend sa parure mondaine.

Les prés sont souriants, le ciel se rassérène,
Le retour de Vénus paraît Jupin charmer;
Dans l'air, dans l'eau, sur terre, on parle de s'aimer,
Tout animal aspire à l'amoureuse chaîne,

Lorsqu'hélas! je me vois de soupirs assaillir,
Que du fond de mon cœur fait encore jaillir
Celle qui dans le ciel en prit les clefs si belles;

Et les vallons fleuris, et les oiseaux joyeux,
Et toute femme honnête, à l'air doux, gracieux,
Pour moi sont un désert et des bêtes cruelles.

SONNET XLIII

Quel rosignuol che si soave piagne

Les plaintes du rossignol lui rappellent ce qu'il croyait bien
ne jamais perdre.

Ce rossignol qui pleure avec tant de douceur
Ses fils ou sa compagne, objets de sa tendresse,
Qui le ciel et les champs remplit de sa détresse,
Des accents si plaintifs de sa vive douleur,

Je crois toute la nuit l'ouïr près de mon cœur,
Me rappelant mon sort si dur et ma tristesse ;
Mais moi, qui ne croyais mortelle une déesse,
Je ne plains que moi-même et mon propre malheur.

L'homme trop confiant très-facilement erre !
Qui l'aurait cru jamais, qu'à la mort des beaux yeux,
Plus clairs que le soleil, s'obscurcirait la terre !

Et je suis bien certain que mon sort ennuyeux
Veut qu'à présent j'apprenne, en répandant des larmes,
Qu'ici-bas tout est bref et dépourvu de charmes.

SONNET XLIV

Nè per sereno ciel ir vaghe stelle

Rien ne saurait plus le consoler, si ce n'est le désir de mourir pour la revoir.

Ni les champs encombrés de cavaliers armés,
Ni dans un ciel serein les étoiles errantes,
Ni les vaisseaux enduits sur les ondes dormantes,
Ni les sauts ni les bonds des animaux charmés,

Ni les discours d'amour d'agréments parsemés,
Ni d'un bien attendu les nouvelles récentes,
Ni les douces chansons de dames ravissantes
Aux bords des clairs ruisseaux et des prés embaumés,

Rien ne peut me charmer ni mon cœur satisfaire,
Car elle l'a bien pris avec elle sous terre,
Celle qui seule fut un miroir, un soleil.

J'éprouve un tel dégoût pour une longue vie
Que j'appelle la mort, dévoré par l'envie
De revoir ce qui fit mon bonheur sans pareil.

SONNET XLV

Passato è 'l tempo omai, lasso, che tanto

Il désire ardemment de s'unir à elle, qui, le privant de tout bonheur lui ravit aussi son cœur, qu'il voudrait aller rejoindre.

Désormais, ce beau temps, hélas ! est bien passé
Que je vécus brûlant, mais non sans avantage !
Morte est celle que j'ai pleurée en mon langage ;
Mais la plume me reste, et mon sein oppressé.

Le beau visage saint s'est trop tôt éclipsé,
Mais, partant, de ses yeux elle a gravé l'image
Dans mon cœur (jadis mien), qui, suivant son mirage,
Disparut dans les plis de son voile enlacé.

Sous terre et dans le Ciel il est en sa puissance,
Au Ciel, où son front ceint la couronne des preux,
Juste prix de sa chaste et rigide prudence.

Que ne puis-je d'ici m'envoler avec eux,
Libre et débarrassé de ma prison mortelle,
Exempt de tous soupirs, vers la paix éternelle !

SONNET XLVI

Mente mia, che presaga de' tuoi danni

Il regrette de ne pas avoir présagé ses malheurs le dernier jour
qu'il partit.

Mon âme, qui déjà, triste et méditative,
En nos beaux jours cherchais bien attentivement
Dans ses yeux bien-aimés quelque délassement
Pour tous nos maux futurs, alors qu'elle était vive,

A voir ses vêtements, à la voir moins active,
A voir peints sur ses traits la pitié, le tourment,
Tu pouvais dire alors avec discernement :
Ce jour est le dernier où le bonheur m'arrive.

Tant de douceur, mon âme, as-tu senti jamais ?
Quels furent nos transports au moment que nous vîmes
Ces yeux que nous devions ne plus voir désormais,

Quand, tel qu'à deux amis bien sûrs et bien intimes,
Je leur fis en partant le dépôt précieux
De mon cœur, des pensers les plus délicieux !

SONNET XLVII

Tutta la mia fiorita e verde etade

La mort la lui a ravie lorsque, sans crainte d'être soupçonnée,
elle pouvait s'entretenir avec lui.

Ma jeunesse fleurie et ma verte puissance
Se passaient, et bien moindre était l'activité
Du feu qui m'embrasait, car là j'étais monté
D'où redescend la vie et vers sa fin s'avance.

Ma bien chère ennemie, à vivre en ma présence
Commençant à trouver plus de sécurité,
Faisait trêve aux soupçons ; sa douce honnêteté
Voyait d'un œil moqueur mon amère souffrance.

Et l'heure s'approchait qu'avec le chaste honneur
L'amour peut exister ; alors peuvent en semble
Converser deux amants de ce qui bon leur semble.

Mais le trépas, jaloux de mon trop grand bonheur
Et de mon espérance, advint à leur encontre
A mi-chemin, ainsi qu'un ennemi se montre.

SONNET XLVIII

Tempo era omai da trovar pace o tregua

Si maintenant elle vivait, il pourrait librement soupirer
et discourir avec elle.

De voir bientôt ce jour mon âme était bercée
Où je devrais trouver paix ou trêve à mon mal,
Quand mon illusion fut bientôt évincée
Par celle qui nous fait à tous le sort égal.

De même que la nue est par le vent chassée,
Aussi subitement reçut le coup fatal
Celle que maintenant je vois par la pensée,
Dont les yeux me servaient de guide et de fanal.

Et ce moment venait, mes cheveux, mes années,
Nos coutumes changeant, où sans suspicion
Nous eussions pu causer de mon affliction.

Avec quels doux soupirs mes peines surannées
J'aurais pu lui conter! et j'ose être certain
Qu'elle les voit du Ciel et pleure mon destin.

SONNET XLIX

Tranquillo porto avea mostrato Amore

En un instant il perdit cette paix si chère qui devait être le fruit de son amour.

L'Amour avait fait voir un port sûr à mes sens
Pour sortir de ma longue et pénible tempête,
Au sein de l'âge mûr, plus ami de l'honnête,
Où la vertu succède aux vices malfaisants.

Mon cœur était ouvert à ses beaux yeux perçants,
Laure de mon amour cessait d'être inquiète :
Comment, cruelle Mort, es-tu donc toujours prête
A prendre en un clin d'œil le fruit de nombreux ans !

Si sa vie eût duré, je touchais à la veille
Du jour où j'aurais pu dans sa pudique oreille
Verser les doux pensers qui remplissaient mon cœur.

Le temps ayant changé nos cheveux, nos visages,
Elle m'eût adressé quelques paroles sages,
Avec quelques soupirs, sans amère douleur.

SONNET L

Al cader d'una pianta, che si svelse

Il a le portrait de Laure si vivant dans son cœur qu'il l'appelle toujours comme si elle y était présente. L'arbre arraché, c'est Laure morte. Le second, c'est une Laure imaginaire ou son image.

Au pied d'un arbre mort frappé par la tourmente,
Tel que l'aurait le vent ou le fer arraché,
De ses rameaux épars ayant le sol jonché
Et montrant au soleil sa racine pendante,

J'en vis un que ma muse a voulu que je chante,
Auquel l'Amour prescrit que je sois attaché,
Et qui s'est fortement à mon cœur accroché,
Comme le lierre à l'arbre ou bien au mur serpente,

Ce laurier plein de vie où déposaient leur nid
Tous mes ardents soupirs et mes hautes pensées,
Sur lequel on ne vit jamais feuilles dressées,

Au Ciel est transplanté, mais dans mon sein ami
Sa racine est restée, où d'une voix profonde
Quelqu'un l'appelle encor, quoiqu'on ne lui réponde.

SONNET LI

I dì miei più leggier che nessun cervo

Il devient d'autant plus amoureux de Laure dans le ciel,
qu'il aurait dû moins l'aimer sur la terre.

Mes jours plus vite ont fui que la daine légère,
Aussi vite qu'une ombre, et juste tout autant
Qu'un clin d'œil a duré leur heur le plus constant,
Dont j'ai la souvenance aussi douce qu'amère.

O monde plein d'orgueil, d'erreur et de misère,
Bien aveugle est celui qui sur toi compte tant !
Mon cœur tu m'as fait perdre, et, captif à l'instant,
Celle-là le retient qui n'est plus que poussière.

Mais son âme, qui vit encor présentement,
Et qui jouit au ciel de la vie éternelle,
Chaque jour un peu plus me rend amoureux d'elle ;

Et je vieillis sans cesse, en pensant seulement
Ce qu'elle est à présent et quelle est sa demeure,
Et ce qu'est devenu son beau corps à cette heure.

SONNET LII

Sento l' aura mia antica, e i dolci colli

Il revoit Vaucluse; tout lui parle de Laure; il pense au passé, et il s'en attriste. Le maître dont il est parlé au deuxième tercet, c'est l'Amour.

Je sens l'air que j'aimais et je vois apparaître
Les lieux où mon Soleil naquit sur ces coteaux,
Qui fit tant qu'il vécut mes charmes si nouveaux,
Quand maintenant je dois de larmes me repaître.

Qu'il est frêle l'espoir qu'on voit dans l'homme naître !
La prairie est en deuil, et troubles sont les eaux ;
Vide et froid est le nid où ses membres si beaux
Reposaient, et j'y vis, quand mort j'y voulus être,

Comptant qu'il me viendrait de ses pieds, de ses yeux,
Qui m'ont détruit le cœur par leur bien longue intrigue,
Quelque léger repos après tant de fatigue.

J'eus pour maître un seigneur dur et peu généreux ;
Tant que mon feu vécut je fus toujours en flamme,
Sur sa cendre aujourd'hui je pleure et la réclame.

SONNET LIII

È questo 'l nido in che la mia fenice

La vue de la maison de Laure lui rappelle combien il fut heureux
et combien il est malheureux.

Le voilà donc ce nid où son plumage d'or
Mon phénix étalait et ses couleurs si belles,
Qui retenait mon cœur sous ses brillantes ailes,
Qui des chants, des soupirs en fait jaillir encor !

O toi d'où mon doux mal prit sa source d'abord,
Où sont donc les beaux yeux aux vives étincelles
Qui me rendaient joyeux dans mes flammes cruelles ?
Sur terre unique, au ciel bienheureux est ton sort,

Lorsque tu m'as laissé seul ici dans la peine !
Et mon cœur plein de deuil à ce lieu me ramène
Que tu sanctifias, que j'ai tant en honneur ;

Et je vois le coteau, dans une sombre horreur,
D'où tu partis au ciel d'une aile bien légère,
D'où tes yeux éclairaient l'ambiante atmosphère.

CANZONE III

Standomi un giorno, solo, alla fenestra

Il décrit allégoriquement les vertus de Laure, et il en pleure
la mort prématurée.

Un jour qu'à ma fenêtre, attentif, curieux,
J'admirais des objets d'une nouveauté telle
Que j'étais presque las de repaître mes yeux,
Je vis bête portant face humaine, et si belle
Que Jupiter se fût vite enamouré d'elle;
Et deux forts lévriers, un noir et l'autre blanc,
  Dans le droit et gauche flanc
De la fière beauté faisaient telle morsure
Qu'elle se vit bientôt conduite sur le bord
  De l'asile de la Mort,
Qui prit le plus charmant objet de la nature;
Et moi je soupirai sur sa triste aventure.

D'autre part, je crus voir sur la mer un vaisseau;
D'ivoire il était fait, d'ébène le plus beau;
Les cordages de soie, et d'un bel or la voile;
Et la mer était calme et les vents en prison,
Et le ciel comme il est lorsque rien ne le voile:

Honnête et précieuse était la cargaison,
      Lorsque subitement gronde
Un vent de l'orient qui l'air trouble et puis l'onde,
Et le navire fut brisé sur un écueil.
      Oh! quelle source de deuil!
Un seul instant suffit pour faire disparaître
De si rares trésors, et sans pareils peut-être!

Dans un bosquet nouveau les rameaux précieux
D'un laurier se couvraient de fleurs et de verdure,
Ou eût dit que du ciel il tenait sa nature;
De son ombre sortaient les chants mélodieux
De différents oiseaux et tant d'autres délices
Que je croyais goûter de célestes prémices.
      Et pendant que fixement
Je l'admirais, le ciel noircit subitement,
L'arbre bien-aimé fut frappé par le tonerre,
      Aussitôt hors de la terre
Sa racine sortit; et je suis désormais
Bien triste : un tel ombrage on ne verra jamais.

Dans le même bosquet, une claire fontaine
Jaillissait d'un rocher, et sa rive et la plaine
Résonnaient du doux bruit de ses limpides eaux.
Et dans ce lieu paisible, à l'ombre des coteaux,
Des pasteurs, des bouviers on ne voyait la trace;
Mais des nymphes chantaient, des muses avec grâce.

Et quand de concerts si beaux,
Assis là, je goûtais une douceur extrême
Et d'une telle vue, un abîme s'ouvrit
    Qui dans son sein engloutit
La fontaine et le lieu. J'en suis encore blême,
D'y penser seulement tout mon être frémit.

J'aperçus dans le bois un phénix dont les ailes
De prourpre étincelaient, et sa tête était d'or.
Tout d'abord je pensai que ses formes si belles
Étaient réellement célestes, immortelles,
Jusqu'au moment qu'il vint tout près du laurier mort
Et du gouffre béant qui cachait la fontaine.
    Tout ici-bas prend son vol!
Car voyant le feuillage étalé sur le sol,
Le tronc mort, du cours d'eau déjà sèche la veine,
    Dans sa colère soudaine
Il se frappa du bec et mourut à l'instant ;
Et d'amour, de pitié, je devins haletant.

Une femme pensive, adorable et charmante,
Sur l'herbe enfin je vis, sur les fleurs s'avancer,
Et sans craindre ou brûler je ne puis y penser,
Quoique humble, envers l'amour elle était arrogante :
Son corps était couvert d'un si blanc vêtement
Que de neige et d'or fait on l'aurait cru vraiment:
    Mais sa tête et son visage

Paraissaient entourés d'un ténébreux nuage.
Quand, piquée au talon par un petit serpent,
    Comme meurt en la coupant
La fleur, elle mourut joyeuse et rassurée.
Seuls, dans ce monde, hélas ! les pleurs sont de durée !

    Tu peux bien dire, Canzon :
Oui, ces six visions ont fait naître l'envie,
Bien douce à mon auteur, d'abandonner la vie.

BALLADE

Amor, quando fioria

La douleur qu'il ressent de lui survivre se trouve adoucie
parce qu'elle en a connaissance.

Quand j'entrevoyais le port,
Amour, et de ma foi la juste récompense,
Le trépas m'a ravi Laure et mon espérance.

Hélas ! cruelle vie ! Hélas ! cruelle mort !
    La dernière à fait ma peine
Et durement rendu mon espérance vaine ;
L'autre m'enchaîne ici, bien malgré moi pourtant.
    Hélas ! ma dame est partie ;
J'irais la retrouver, mais elle n'y consent :
    Néanmoins toujours en vie
Je la sais, je la tiens assise sur mon cœur ;
Elle voit combien grande et vive est ma douleur.

CANZONE IV

Tacer non posso, e temo non adopre

Il rappelle les grâces qu'il a remarquées dans Laure depuis le premier jour qu'il la vit. Par l'ivoire le poëte entend les dents; par la fenêtre les yeux; par les murailles, le corps; par la toiture d'or, la chevelure blonde; le siége en diamant, c'est le cœur; la colonne en cristal, les yeux; l'emblème triomphant, troisième strophe, c'est le laurier ou Laure.

Je ne saurais me taire, et pourtant je redoute
Que ma langue ne parle autrement que mon cœur,
    Qui voudrait bien faire honneur
A Laure, qui du ciel attentive m'écoute.
Si tu ne me l'apprends, comment pourrai-je, Amour,
Simple mortel, chanter ce chef-d'œuvre angélique,
    Cet être chaste et pudique
Qui d'une humilité si grande est le séjour?
Lorsque je l'aperçus en ce beau premier jour,
Cette âme noble était encor peu demeurée
Dans la belle prison d'où la mort l'a tirée,
    Ce jour que, prompt et joyeux
(Car c'était au printemps de l'an et de ma vie),
J'allai cueillir des fleurs dans la proche prairie,
Comptant, ainsi paré, complaire à ses beaux yeux.

D'ivoire était la porte, en saphir la fenêtre,
Les murailles d'albâtre et la toiture d'or,

      Qui firent tout d'abord naître
Mes soupirs, d'où viendront tous mes derniers encor.
Des messagers d'Amour tout armés en sortirent,
Portant flèches et feu, de lauriers couronnés ;
      Non moins tremblants, étonnés,
Mes yeux sont aujourd'hui qu'à l'instant qu'ils les virent.
Un siége du plus pur, du plus beau diamant,
Apparaissait au centre, où, seule et noblement
Assise, résidait cette admirable dame.
      Une colonne devant,
D'un aspect cristallin, laissait voir dans son âme
Tous ses pensers, et moi si clairs je les voyais
Que joyeux et content souvent j'en soupirais.

Par l'aspect séduisant du triomphant emblème,
Par ses dards enflammés, lumineux et perçants,
      Contre qui sont impuissants
Jupiter, Apollon et Mars et Polyphème,
Je me vis attiré vers la source des pleurs ;
Ne pouvant résister à ses traits séducteurs,
      Je fus mis en servitude,
Et d'en pouvoir sortir je n'ai la certitude.
Mais, semblable à celui qui pleure et qui repaît
Au même instant ses yeux d'une chose imprévue,
Ainsi celle par qui prisonnier je suis fait,
      Apparaissant à ma vue,
Elle qui de son temps fut l'être seul parfait,

Je pris à l'admirer un plaisir si suprême
Que j'oubliai mon mal et m'oubliai moi-même.

Moi sur terre j'étais, mon cœur en paradis,
Et le plaisir chassait tous les autres soucis;
    Mais ma vivante figure
Comme un marbre restait surprise outre mesure,
Lorsqu'une femme[1] antique, au regard jeune et vif,
Sûre dans son maintien et prompte de manières,
    Me voyant ainsi pensif
A l'immobilité du front et des paupières :
« Écoute, me dit-elle, et sois très-attentif,
Car plus que tu ne crois est grande ma puissance :
Je fais l'homme joyeux et triste en un moment,
    Moi, plus vive que le vent;
Tout au monde subit mes lois, ma convenance.
Comme l'aigle, maintiens sur ce soleil tes yeux :
Ce que je vais te dire est, crois-moi, sérieux.

Le jour qu'elle naquit, les étoiles si belles
Qui produisent chez vous de merveilleux effets,
    Dans les lieux les plus parfaits
Toutes avec amour se regardaient entre elles;
Jupiter et Vénus, souriants et bénins,
En maîtres dominaient à la plus belle place;

---

1. La Fortune.

Et les astres dits malins
Étaient tous vagabonds dans le céleste espace.
Jamais pour si beau jour ne brilla le soleil :
Tout sur terre et dans l'air rayonnait d'allégresse,
Sur les ondes régnait un calme sans pareil.
Au milieu de tant d'ivresse,
Un seul nuage au loin provoqua ma tristesse,
Qui produira des pleurs, je le crains fortement,
Si le ciel par pitié ne l'ordonne autrement.

Mais lorsqu'en ce bas monde on la vit apparaître,
Ce monde qui n'eût dû voir un si beau trésor,
Et sans nul rival peut-être,
Douce et sainte déjà, quoique bien jeune encor,
On eût dit une perle au sein du plus bel or.
En se traînant d'abord, puis à marche incertaine,
Elle rendait dans la plaine
Les cailloux doux, l'eau claire et les bois verdoyants,
Et de fleurs par ses yeux s'embellissaient les champs ;
Sous ses pieds, sous ses mains, l'herbe dressait la tête,
Et les vents se calmaient ainsi que la tempête
Par son langage incomplet
Comme il est chez l'enfant que l'on met en sevrage,
Faisant voir à ce monde aveugle et si peu sage
Quel bel astre du ciel son sol déjà foulait.

Lorsqu'en âge croissant et croissant en sagesse,
Elle est enfin venue à sa belle jeunesse,

   Jamais si grande beauté
Phébus ne vit, je crois, ni de grâce semblable.
La joie en ses yeux brille avec l'honnêteté,
Dans sa parole sont la douceur, la bonté.
   Toute langue est incapable
Ce que toi seul connais de conter dignement.
Son visage reluit de rayons si célestes
Que nul mortel ne peut l'admirer fixement;
Et de son corps si beau (toi-même tu l'attestes)
   Ton cœur est tant enflammé
Que nul d'un plus doux feu ne s'est vu consumé.
Mais son trépas subit te rendra l'existence
Bien amère, je crois, par sa cruelle absence. »

Cela dit, à sa roue elle imprima le cours
Où l'existence humaine elle file toujours.
Elle prédit trop bien mes tristes destinées,
   Car, après quelques années,
Celle pour qui j'ai faim de voir finir mes jours,
Canzon, fut par la Mort si cruelle ravie,
Et prit le plus beau corps et la plus belle vie.

SONNET LIV

Or hai fatto l' estremo di tua possa

La Mort peut bien le priver des beautés de Laure, mais jamais
du souvenir de ses vertus.

Tu les as tous usés, ô Mort, les éléments
De ta force, et réduit l'Amour à l'indigence ;
Et l'astre de beauté, sa fleur par excellence,
Sont enfouis par toi dans d'étroits gisements.

Dépouillée, oui, tu l'as de tous ses ornements,
De son plus bel honneur, notre triste existence ;
Mais valeur et renom ne craignent ta puissance,
Car ils sont immortels : à toi les ossements ;

Le reste est dans le ciel, qui se fait une gloire,
De ce rare soleil, de sa haute clarté ;
Et des bons en tout temps survivra la mémoire.

Comme ici-bas mon cœur fut par votre beauté
Complétement vaincu, faites donc, nouvel ange,
Que le vôtre là-haut par pitié pour moi change.

SONNET LV

L' aura e l' odore e 'l refrigerio e l' ombra

Il calme sa douleur en la voyant heureuse dans le ciel
et immortelle sur la terre.

L'air du bien doux laurier, sa présence fleurie,
Son ombre et son parfum, qui faisaient mon bonheur,
Ma lumière et ma paix, dans mon triste malheur,
Celle-là m'a tout pris qui met fin à la vie.

Quand Phébus disparaît, la terre est assombrie :
De même a disparu le soleil de mon cœur,
Et la mort contre moi j'invoque en ma douleur,
Tant de sombres pensers j'ai mon âme remplie.

Maintenant, belle dame, après un court sommeil,
Parmi tous les élus s'opère ton réveil,
Où de son Créateur l'âme a le doux partage.

Et si quelque pouvoir reste encore à mes vers,
Je veux que ton nom soit survivant d'âge en âge
Parmi les plus fameux esprits de l'univers.

SONNET LVI

L'ultimo, lasso, de' miei giorni allegri

Le dernier jour qu'il la vit, il se prédit, dans sa tristesse,
de grandes infortunes.

De mes jours fortunés c'était l'heure dernière :
Dans cette vie, hélas ! j'en ai si peu comptés !
Et mon cœur présageait qu'ils seraient attristés,
Entouré qu'il était d'une tiède glacière.

Comme l'homme qui craint sa fièvre journalière
A les pensers, le pouls et les nerfs irrités,
Tel j'étais, ignorant que mes félicités
S'avançaient vers leur fin d'une aile bien légère.

Les deux beaux yeux qui voient maintenant dans les cieux
Celui qui fait pleuvoir la santé sur nos têtes,
En s'éloignant des miens tristes et soucieux,

Leur dirent, rayonnant d'étincelles honnêtes :
Chers amis, calmez-vous, car sur terre jamais
Nous ne nous reverrons, mais ailleurs désormais,

SONNET LVII

O giorno, o ora, o ultimo momento

Aveugle, il ne connut point que ses regards en ce jour devaient
être les derniers.

O jour, ô le dernier instant de jouissance !
Astres tous conjurés contre moi sans égard !
Que voulais-tu me dire, ô bien-aimé regard,
Quand je partis, quittant pour toujours ta présence ?

Je vois bien aujourd'hui quelle est mon indigence ;
Car je croyais, hélas ! (espoir trop plein de fard !)
Perdre un peu, non le tout, le jour de mon départ.
Sur les ailes du vent s'enfuit notre espérance !

Car il était déjà décrété dans les cieux
D'éteindre ce soleil qui me rendait joyeux ;
C'était écrit aussi sur sa feinte allégresse.

Mais un voile empêchait que la réalité
N'apparût à mes yeux dans toute sa clarté,
Pour rendre tout à coup plus vive ma tristesse.

SONNET LVIII

Quel vago, dolce, caro, onesto sguardo.

Il devait prévoir son malheur aux éclairs insolites de ses yeux.

Cet honnête, ce doux, cet aimable regard
Semblait dire : De moi prends à ta convenance,
Car tu vas pour toujours perdre ici ma présence,
Du jour que partira ton pied qui se meut tard.

Toi, mon esprit, plus prompt que le vif léopard,
Que n'as-tu donc prévu ton amère souffrance,
Que n'as-tu dans ses yeux su bien lire d'avance
Ce qui tant me désole et que tu vois sans fard ?

Silencieux, mais pleins d'un éclat insolite,
Ils disaient : Yeux amis, qui prîtes si longtemps,
A vous mirer dans nous, des plaisirs si constants,

On nous attend au ciel. Vous direz : C'est trop vite ;
Mais Dieu, qui nous y mit, nous sort de ces séjours,
Et malgré vous il veut vous laisser de longs jours.

CANZONE V

Solea dalla fontana di mia vita

Il vécut joyeux, et il ne vécut que par elle; il aurait dû savoir mourir à temps.

Le poëte dit, à la quatrième strophe : « Ma vie aurait vécu, puis ma noble partie. » Sa vie, c'était Laure; sa noble partie, l'âme de Pétrarque.

Souvent je m'éloignais de ma source de vie,
Parcourant monts et mers, et des pays lointains,
Non d'après mon vouloir, mais suivant mes destins ;
Et j'allais, tant l'amour doublait mon énergie,
Dans ces exils si durs, elle a bien dû le voir,
Alimentant mon cœur de souvenir, d'espoir.
Mes armes maintenant entre les mains j'abdique
De ma fortune, hélas! pour moi toujours inique,
Qui ma douce espérance a méchamment détruit :
  Le souvenir seul me reste;
Et lui seul entretient mon désir, je l'atteste :
Aussi mon âme à jeun tremble et s'évanouit.

Comme le voyageur privé de nourriture
Sent ses forces mollir et sa marche moins sûre,
La vertu qui pressait ses pas diminuant,
Ainsi, quand je me sens dépourvu maintenant
De ce cher aliment qu'a ravi de ce monde

L'avare Mort, qui fait ma tristesse profonde,
Pour moi le doux devient amer de jour en jour,
Et fade le plaisir; aussi je désespère
De voir durer longtemps sur terre mon séjour :
      Car, tel qu'au vent la poussière,
Je m'enfuis pour cesser d'être ici pèlerin.
Qu'il en soit donc ainsi, si c'est là mon destin.

Que la vie ici-bas ne sut jamais me plaire
(Nous en parlons souvent, il le sait bien l'Amour),
Hors par elle, qui fut la sienne et ma lumière.
Puisqu'en mourant sur terre, au céleste séjour
L'esprit dont je vécus vit encor, de le joindre
Que ne m'est-il permis! Voilà mon grand désir.
Mais, pour moi, j'ai bien lieu de me plaindre à loisir,
Qui fus peu clairvoyant, de n'avoir pas vu poindre
Mon malheur, que l'Amour me montrait dans ses yeux,
      En conseiller officieux :
De là vient que tel meurt abreuvé de tristesse,
Qui naguère pouvait mourir dans l'allégresse.

Dans les yeux dont mon cœur avait fait son séjour,
Jusqu'à l'instant qu'il fut d'un si brillant asile
Banni par ma fortune envieuse et mobile,
J'aurais pu voir écrit par la main de l'Amour,
En lettres de pitié, la triste conséquence
Qui de mes longs désirs menaçait l'existence;

Qu'il m'eût été plus doux et plus beau de mourir !
En mourant le premier, je n'aurais vu périr
Celle en qui survivrait et mon âme et ma vie !
   Mais la mort dans sa furie
A détruit mon espoir, mon bien sous terre gît ;
Et je vis ! D'y penser, dans moi la peur surgit.

Si quand il le fallait ma faible intelligence
Fût venue à mon aide, et qu'un autre désir
Ne l'eût sollicitée ailleurs pour son plaisir,
J'aurais lu sur le front de ma dame en souffrance :
« Tu l'as bue en entier, la coupe des douceurs !
Et tu seras bientôt abreuvé de douleurs. »
Alors, sans nul regret, mais en présence d'elle,
J'aurais brisé les nœuds de ma chaîne mortelle,
Laissant là cette chair d'un poids si molestant,
   Car, avant elle partant,
J'aurais vu préparer au paradis son siége :
Or j'irai la revoir le front couvert de neige.

Si tu trouves quelqu'un dans ses amours joyeux,
Dis-lui, Canzon : Meurs donc, quand ton sort est heureux,
Car, mourir à propos, loin de nuire, profite,
Et qui peut bien mourir doit se hâter bien vite.

SONNET LIX

Ite, rime dolenti, al duro sasso

Il envoie ses rimes au tombeau de Laure, pour la prier de l'appeler à elle. Au deuxième vers du deuxième quatrain, le poëte fait allusion aux désordres et à la corruption de ce monde.

Tristes rimes, allez vers le roc qui tient close
La tombe qui ravit mon trésor à mes yeux,
Et celle réclamez qui nous répond des cieux,
Quand son reste mortel en un lieu bas repose.

Dites-lui que je suis las de vivre morose,
De voguer sur des flots impurs et dangereux ;
Mais qu'en bien méditant son passé vertueux,
Mon pied lent, pas à pas, sur ses traces je pose ;

D'elle seule parlant, soit morte, soit vivante,
D'elle qui vit encor dans le ciel triomphante,
Désirant que tout homme apprenne à bien l'aimer.

Et quand viendra ma mort, elle ne peut tarder,
Je compte qu'attentive à m'attirer près d'elle,
Ensemble nous vivrons de la vie immortelle.

SONNET LX

S' onesto amor può meritar mercede

Maintenant qu'elle n'ignore plus qu'il fut honnête dans son amour,
elle daignera enfin se montrer compatissante et le consoler.

Si le prix d'un amour le plus pur on reçoit,
Si la pitié possède encore sa puissance,
J'obtiendrai mon pardon, car jai la confiance
Que pour Laure et le monde éclatante est ma foi.

Jadis de moi craintive, en ce jour elle croit
Que je n'ai jamais eu qu'un but, qu'une espérance ;
Si ma voix elle ouït, ou bien vit ma souffrance,
Mon âme maintenant et mon cœur elle voit.

J'espère que du ciel elle entend avec peine
Mes douloureux soupirs, et que, de pitié pleine,
Elle viendra vers moi, voulant me le prouver.

Et qu'au jour où sera ma dépouille défaite,
Je la verrai venir bien prompte me trouver,
Avec les vrais amis du Christ et de l'honnête.

SONNET LXI

Vidi fra mille donne una già tale

Il la voit en image telle qu'un esprit céleste ; il voulait la suivre,
mais elle disparaît.

Parmi mille beautés j'en vis une si belle
Qu'une peur amoureuse aussitôt m'assaillit ;
En elle je crus voir un angélique esprit,
Et son image était non fausse mais réelle.

Rien n'annonçait en elle une simple mortelle,
Mais un être à qui seul le paradis sourit,
Mon âme, qui toujours pour elle tant souffrit,
Désirant la rejoindre, ouvrit vite son aile.

Mais elle était trop haut pour mon être pesant,
Et bientôt je la vis partir si promptement
Que le souvenir seul me glace et m'épouvante.

Oh ! que brillaient ses yeux d'une grâce éclatante
Par où celle qui fait l'effroi du genre humain
Sut dans un si beau corps se frayer le chemin !

SONNET LXII

Tornami a mente, anzi v' è dentro, quella

Il l'a toujours si présente dans son cœur et dans ses yeux,
qu'il arrive parfois à la croire vivante.

Je revois en esprit, même en intimité,
Telle que je la vis, jeune encore et fleurie,
Des rayons de son astre éclatante, embellie,
Celle que ne saurait en bannir le Léthé.

Et quand si grandes sont sa vertu, sa beauté,
Son modeste maintien m'étonne, et je m'écrie :
« Oui, c'est elle vraiment, elle est encore en vie ! »
Et je dis : « Parle-moi ; j'en serais enchanté ! »

Tantôt elle répond, tantôt elle est muette.
Moi, comme un homme errant qui voit la clarté faite,
Je m'adresse ces mots : « Mais l'erreur te séduit !

Tu sais bien que l'an mil trois cent quarante-huit,
Le six du mois d'avril, et sur la sixième heure,
Sa belle âme quitta sa terrestre demeure. »

SONNET LXIII

Questo nostro caduco e fragil bene

La nature, bien plus qu'elle n'a coutume, réunit en elle toutes les beautés, mais elle la fit disparaître bien rapidement.

Ce trésor tant vanté, mais fragile et volage,
Qui n'est qu'une ombre, un vent, qu'on appelle beauté,
Jamais un corps ne l'eut dans son intégrité
Sinon dans notre siècle, et pour mon grand dommage.

Car nature et raison disent qu'il n'est pas sage
Si, pour enrichir l'un, l'autre est déshérité.
Entière elle eut pourtant sa libéralité :
Beauté vraie ou fictive, excusez mon langage.

Et nul âge ne vit de si brillants attraits ;
On n'en verra jamais ; sa réserve fut telle
Que les gens même errants ne s'aperçurent d'elle.

Vite elle disparut, et je perds sans regrets
Le doux plaisir dont j'eus la courte jouissance
Pour plaire à ses yeux saints et beaux par excellence.

SONNET LXIV

O tempo, o ciel volubil, che fuggendo

Désabusé de son amour d'ici-bas, il s'applique à l'aimer dans le ciel.

O ciel mobile, ô temps qui, fuyant promptement,
De l'aveugle mortel faites l'erreur si sûre !
O jours dont le trajet moins qu'un éclair ne dure !
Vos fraudes par l'essai je sais présentement.

Je veux vous excuser, moi-même en me blâmant ;
Des ailes pour voler vous donna la nature,
Moi je reçus des yeux qui m'ont rendu si dure
L'existence et causé ma honte et mon tourment.

Voila l'heure venue, elle est même passée,
De bien les diriger vers des destins plus beaux,
Et de poser enfin un terme à tous mes maux.

Ce n'est pas de ton joug que mon âme est lassée,
Amour, mais de son mal ; et tu sais quel bel art
Nous donne la vertu, non l'effet du hasard.

SONNET LXV

Quel che d' odore e di color vincea

Il avait bien raison de se trouver heureux de l'aimer, si Dieu la lui a
ravie comme lui appartenant. Le laurier, c'est toujours l'image de
Laure.

Celui dont la couleur et l'odeur surpassaient
L'éclat de l'Orient, son parfum, sa richesse,
Et ses fleurs, et ses fruits d'où le prix de sagesse
Et le prix de valeur pour l'Occident naissaient ;

Mon bien-aimé laurier, sur lequel reposaient
La suprême beauté, la vertu, la noblesse,
Sous son ombre voyait l'Amour et ma déesse
Qui très-honnêtement ensemble s'asseyaient.

Mes doux pensers aussi sur cette aimable plante
Avaient placé leur nid, et malgré la tourmente
De mon sort inconstant, j'eus beaucoup de bonheur.

Et le monde était plein de son parfait honneur,
Lorsque Dieu, pour orner sa céleste demeure,
Ordonna qu'ici-bas sonnât sa dernière heure.

SONNET LXVI

Lasciato hai, Morte, senza sole il mondo

Lui seul, qui la pleure, et le Ciel, qui la possède, la connurent pendant qu'elle vivait.

O Mort, par ta rigueur, sans soleil est le monde,
L'Amour est désarmé, frappé de cécité,
La grâce dépouillée est dans la nudité,
Et je succombe au faix de ma douleur profonde.

L'honnêteté n'est plus, ni l'amitié féconde;
A souffrir je suis seul, mais non seul tourmenté;
La beauté, la vertu, tu n'as rien respecté,
Ni sa haute valeur : où trouver sa seconde ?

L'air, la terre, la mer, devraient tant déplorer
Le sort du genre humain, qui comme les prairies
Sans fleurs se trouve nu, l'anneau sans pierreries !

Tant qu'elle fut au monde, on parut l'ignorer ;
Je la connus moi seul, qui verse ici des larmes,
Et le Ciel, dont l'objet de mon deuil fait les charmes.

SONNET LXVII

Conobbi, quanto il Ciel gli occhi m' aperse

Il s'accuse de ne pas l'avoir louée comme elle le mérite,
parce que la chose lui était impossible.

Lorsque Dieu voulut bien ouvrir mes yeux pour voir,
Quand l'étude et l'amour déployèrent mes ailes,
Je connus les beautés divines, mais mortelles,
Qu'en un être à l'envi les cieux firent pleuvoir.

Et je vis des vertus d'un si puissant valoir,
D'un éclat inconnu, célestes, éternelles ;
Mon esprit les trouva si nombreuses et telles
Que mes yeux redoutaient de les apercevoir.

Et tout ce qu'en parlant j'en dis et dans mes rimes,
Qu'en priant maintenant au ciel elle me rend,
C'est une goutte d'eau dans de profonds abîmes.

Au delà de l'esprit le style ne s'étend :
L'homme qui le soleil fixe de sa prunelle
Voit d'autant moins que plus le grand astre étincelle.

SONNET LXVIII

Dolce mio caro e prezioso pegno

Il la prie de le consoler au moins par la douce et chère vue
de son ombre.

Mon bien-aimé trésor, toi qui me fus si chère,
Qui n'es plus, que le Ciel couve de son regard,
Ta pitié viendra donc me secourir bien tard,
O l'unique soutien de mes jours sur la terre !

De ta vue autrefois tu daignais satisfaire
Mon sommeil ; maintenant, et sans le moindre égard,
Tu souffres que je brûle ; et pourquoi ce retard ?
Là-haut pourtant ne sont le dédain, la colère,

Qui parmi les mortels rendent un cœur aimant
Parfois ravi de voir autrui dans le tourment :
Ainsi l'Amour devient vaincu dans son domaine.

Toi qui vois mes pensers, toi qui connais ma peine,
Et qui seule peux mettre un terme à mes douleurs,
Calme donc par ton ombre et mon deuil et mes pleurs.

SONNET LXIX

Deh qual pietà, qual angel fu sì presto

Il est hors de lui-même, heureux et content de l'avoir vue
et entendue parler.

Hélas ! quelle pitié ! quel ange a donc pu faire
Si vite parvenir ma plainte dans les cieux ?
Car de nouveau j'entends et je vois de mes yeux
Laure avec sa douceur et sa vertu première

Pour calmer de mon cœur la peine et la misère,
Et tellement son dire est loin d'être orgueilleux
Que je n'invoque plus le trépas odieux,
Et je vis, et de plus l'existence m'est chère.

Heureux être qui peut me rendre entièrement
Satisfait par sa vue, ou bien par sa parole,
Qu'elle et moi nous pouvons comprendre seulement !

« Cher ami, me dit-elle, oui, ton sort me désole ;
Je fus dure envers toi pour un bien sans pareil ; »
Et d'autres mots pouvant arrêter le soleil.

SONNET LXX

Del cibo onde 'l signor mio sempre abbonda

Pendant qu'il pleure, elle accourt pour lui essuyer les larmes
et pour le consoler.

De ces mets dont l'amour constamment nous régale,
De larmes, de chagrins, mon cœur las je nourris ;
Si je pense à sa plaie, aussitôt je pâlis
Ou je tremble en voyant combien elle s'étale.

Mais Laure, à qui son temps ne connut de rivale,
Vient dans un tel état au lit où je languis
Que je n'ose la voir en face et je frémis,
Et s'assied près de moi, de pitié toute pâle.

Puis mes yeux elle essuie avec la belle main
Que j'ai tant désirée, et sa douce parole
Me rend le plus heureux de tout le genre humain.

« Pourquoi donc un savant, dit-elle, se désole ?
Ne pleure plus, assez t'a fait pleurer ma mort ;
Et que n'es-tu vivant comme je vis encor ! »

SONNET LXXI

Ripensando a quel, ch' oggi il cielo onora

Il mourrait de douleur si de temps en temps elle ne le consolait
par ses apparitions.

Quand je pense au regard dont le ciel tant s'honore,
Quand je pense aux saluts que son front m'adressait,
Quand je pense au visage, à sa voix qui faisait
Mon charme, et maintenant le deuil qui me dévore,

Je suis vraiment surpris comment je vis encore :
Et je serais bien mort si celle qui laissait
En doute si plus belle ou plus sage elle était
Ne venait me revoir au réveil de l'aurore.

Qu'il est doux, et touchant, et chaste, son accueil !
Oh ! combien je la vois écouter attentive
Le triste et long récit de ma douleur si vive !

Mais, sitôt que le jour de loin frappe son œil,
Elle retourne au ciel, de son chemin bien sûre,
Baignant de chastes pleurs son aimable figure.

SONNET LXXII

Fu forse un tempo dolce cosa amore

La douleur qu'il éprouve de l'avoir perdue est si forte, que rien ne saurait plus l'atténuer.

L'Amour peut-être un temps m'offrit quelque douceur
(Sans que je sache quand), mais je dis bien amère
Aujourd'hui son essence : à tel je m'en réfère,
Qui comme moi l'apprit abreuvé de douleur.

Celle qui de son temps fut la gloire et l'honneur
Est maintenant au ciel, qu'elle orne, qu'elle éclaire ;
Si peu calme je fus quand elle était sur terre,
Le repos désormais n'est plus fait pour mon cœur.

La mort m'a dépouillé de mon bien, la barbare,
Et le prospère état de cette âme si rare
Ne peut rendre mon mal moins dur ni plus léger.

J'ai pleuré, j'ai chanté ; je ne sais plus changer,
Mais nuit et jour le deuil, qui tout mon être oppresse,
Par la langue et les yeux je déverse sans cesse.

SONNET LXXIII

Spinse amor e dolor ov' ir non debbe

Pensant que Laure est au ciel, il regrette de s'être tant désolé
dans le précédent sonnet, et il se calme.

La douleur et l'amour ont pu déterminer
Ma langue, qui toujours se lamente et réclame,
A tenir des propos sur l'objet de ma flamme
Qui, si j'avais dit vrai, seraient tant à blâmer ;

Car cet heureux esprit devrait beaucoup calmer
L'âcreté de mon sort, et consoler mon âme,
Lorsque intime je vois cette angélique dame
Avec Dieu, qu'elle sut si saintement aimer.

Je cherche à me donner la paix, la quiétude ;
Je ne voudrais ici la revoir désormais ;
Je veux même mourir, ou vivre en solitude.

Car mon penser la voit, plus belle que jamais,
Voltigeant au milieu des anges sur ses ailes,
Au pied du Souverain des gloires éternelles.

SONNET LXXIV

Gli angeli eletti e l' anime beate

Il élève tous ses pensers vers le ciel, où Laure le cherche,
l'attend, l'invite.

Les anges, les esprits, qui la céleste cour
Habitent, aussitôt que ma dame si belle
Ils virent arriver, formèrent autour d'elle
Des groupes tout remplis de surprise et d'amour.

« Quelle est cette lumière ? Encor jusqu'à ce jour
(Se disaient-ils entre eux) jamais une mortelle
D'un éclat si brillant et d'une beauté telle
On ne vit s'élever dans ce très-haut séjour. »

Elle, d'avoir changé d'asile bien contente,
Déjà se croit égale aux plus prétentieux ;
Et parfois en arrière elle porte ses yeux,

Pour voir si je la suis, et paraît dans l'attente ;
Aussi d'aller au ciel, c'est mon vœu le plus cher,
Car je l'entends me dire : « Il faut te dépêcher. »

SONNET LXXV

Donna, che lieta col principio nostro

Il demande, en récompense de son amour, qu'elle lui obtienne
de la voir bientôt.

O dame, qui, joyeuse au milieu des splendeurs
Du ciel, te tiens, pour prix de ta conduite sage,
Sur un siége élevé, ton glorieux partage,
Et parée autrement que de pourpre et de fleurs ;

Toi qui fus le phénix des femmes en grandeurs,
Regarde maintenant, sur le divin visage
De celui qui voit tout, mon amour, son mirage,
Qui m'a fait dépenser tant d'encre et tant de pleurs ;

Sache que mon cœur fut, quand tu vivais sur terre,
Comme il est maintenant que tu brilles aux cieux ;
De toi je voulus seul le soleil de tes yeux.

Daigne donc, en vertu de la si longue guerre
Qui m'a fait tout haïr, hors toi, dans ce séjour
Prier que parmi vous j'arrive au premier jour.

SONNET LXXVI

Da' più begli occhi e dal più chiaro viso

Privé de tout soulagement, il espère qu'elle lui obtiendra de la voir dans le ciel.

Ma vie était de voir les plus beaux des cheveux,
Qui du soleil, de l'or, rendaient pâle l'image;
De voir le plus charmant, le plus brillant visage
Qui fut jamais au monde, et les ris gracieux;

Et ces bras qu'on eût vus toujours victorieux,
Même sans se mouvoir, du cœur le plus sauvage
Pour l'amour, et ces pieds si légers au passage;
Cette personne enfin le chef-d'œuvre des cieux.

Et, tandis qu'aujourd'hui jouissent de ces charmes
Le puissant Roi du ciel et ses courriers ailés,
Moi je reste sur terre, aveugle et dans les larmes.

Je n'attends qu'un secours pour mes sens désolés :
Que Laure, qui connaît mes pensers, mes souffrances,
Fasse que je partage au ciel ses jouissances.

SONNET LXXVII

E' mi par d' or in ora udire il messo

Il espère et croit déjà bien proche le jour où elle l'appellera
pour s'envoler vers elle.

A tout instant je crois ouïr son messager,
Me disant que d'aller la rejoindre elle ordonne.
Au dedans, au dehors, ma vigueur m'abandonne,
Et je me sens si fort en peu de temps changer,

Je sais si peu mes goûts, mes appétits garder,
Qu'à peine désormais je connais ma personne.
Je dois donc désirer que l'heure bientôt sonne.
Mais à sonner, pourtant, elle ne peut tarder.

O bien heureux le jour où ma prison mortelle
je quitterai, laissant sans souffle sur le sol
Ma fragile et pesante enveloppe charnelle,

Vers des lieux plus sereins partant d'un léger vol,
Désertant ces maudits, ces ténébreux parages,
De ma dame et de Dieu pour voir les beaux visages!

SONNET LXXVIII

L' aura mia sacra al mio stanco riposo

Pendant le sommeil, il lui parle de ses maux; elle s'attriste.
Vaincu par la douleur, il se réveille.

Alors que bien lassés se reposent mes sens,
Elle revient vers moi si fréquemment que j'ose
Lui raconter les maux que j'ai sentis et sens,
Lorsque pendant sa vie on m'eût vu bouche close.

Je lui parle d'abord de ses yeux caressants
Qui de mes longs tourments furent la grande cause,
Puis je lui dis comment, par ses feux incessants,
L'amour m'a consumé dans la joie ou morose.

Mais Laure alors se tait et, poussant des soupirs,
Elle se montre à moi douce et compatissante,
Et sa chaste figure est de pleurs ruisselante,

Quand mon âme, souffrant de ses durs déplaisirs
En voyant à regret pleurer celle qu'elle aime,
Se réveille en sursaut et rentre en elle-même.

SONNET LXXIX

Ogni giorno mi par più di mill' anni

Il désire la mort, que le Christ a supportée pour lui et que Laure
a aussi subie en Jésus-Christ.

Chaque jour me paraît plus de mille ans durer :
Que je tarde à revoir mon étoile si chère,
Qui me montre à présent le chemin salutaire
Du ciel, comme en ce monde elle sut me guider.

Le monde et ses appas ne sauraient m'attarder,
Je les connais trop bien ; et telle est la lumière
Qui d'en haut jusqu'ici profondément m'éclaire
Que ma perte et le temps je commence à compter.

Je ne dois redouter la mort ni ses menaces :
Mon Dieu, lui, la souffrit avec plus de disgrâces ;
J'ai donc à l'imiter en homme courageux.

Et naguère elle a pu pénétrer dans les veines
De celle dont mon cœur portait les douces chaînes,
Mais n'altéra jamais son front si radieux.

SONNET LXXX

Non può far morte il dolce viso amaro

Depuis qu'elle est morte, il ne vit plus. Il méprise donc
et ne craint plus la mort.

La mort ne saurait rendre un doux visage amer,
Mais un visage doux peut la mort douce rendre.
Et quand Laure m'apprit ce que je dois aimer,
Qui donc à bien mourir peut encor mieux m'apprendre ?

Et Dieu, qui tout son sang ne craignit de répandre,
Qui de son pied brisa les portes de l'enfer,
M'enhardit, je le sens, par ce qu'il a souffert.
Arrive donc, ô mort, ton approche m'est tendre.

Ne tarde point surtout, pourquoi pas à l'instant?
S'il n'est temps aujourd'hui, c'était alors sans doute
Que ma dame partit vers la céleste voûte.

Depuis je n'ai vécu, pas même un jour, content.
Ensemble nous suivions le chemin de la vie :
Pourquoi vivrais-je encor quand sa course est finie ?

CANZONE VI

Quando il soave mio fido conforto

Laure lui apparaît en songe, et, plus compatissante que jamais,
elle cherche à le consoler et à le calmer.

Lorsque ma bien aimable et fidèle assistance,
Pour donner du repos à ma vive souffrance,
Vient s'asseoir sur mon lit, sur son sénestre bord,
Avec son doux parler et son prudent abord,
Tremblant d'émotion et d'amoureuse flamme,
Je lui dis : « D'où viens-tu maintenant, ô belle âme? »
    Quand, un rameau de palmier
Tirant de son beau sein, et puis un de laurier :
    « Je sors des plages sereines,
Dit-elle, je descends du très-haut firmament ;
Je viens te consoler et soulager tes peines. »

Du geste et de la voix, je lui rends humblement
Des grâces, et je dis : « Raconte-moi comment
Tu connais mon état? — C'est par le bruit des ondes
De tes larmes, dit-elle, en tes yeux trop fécondes ;
Par l'air de tes soupirs, qui, les champs éthérés
Traversant, font ma paix et mon calme altérés.

Eh quoi, ton âme est marrie,
Quand j'ai quitté la terre et ses maux acérés
Pour une meilleure vie?
Que si vraiment tu fus de ma personne épris,
Tu dois être joyeux du parti que j'ai pris.

— Je me plains de moi seul, moi sitôt de lui dire,
Qui reste ici plongé dans l'ombre et le martyre;
Et je suis aussi sûr de ton vol vers les cieux
Qu'on peut l'être d'un fait arrivé sous nos yeux.
Pourquoi donc auraient-ils, le Ciel et la nature,
Mis dans un jeune cœur la vertu la plus pure,
Si le séjour éternel
N'était de ses hauts faits la sûre destinée?
Belle âme et prédestinée,
Qui parmi les humains vécus si noblement,
Et qui plus tard partis au ciel trop promptement,

Que puis-je faire mieux que de verser des larmes,
Moi qui suis nul sans toi, malheureux vermisseau?
J'aurais bien dû mourir quand j'étais au berceau,
Pour n'avoir à sentir l'amour et tous ses charmes! »
Elle dit : « A quoi bon tes pleurs et tes tourments?
Mieux valait t'élever vers le ciel sur tes ailes,
Et toutes choses mortelles
Bien mieux apprécier et tes enchantements
Par de justes jugements.

Que si tu m'aimes tant, imite ma conduite,
Quelqu'un de ces rameaux récoltant dans la suite.

— Quelle haute valeur peuvent-ils donc avoir,
Ces rameaux? je voudrais, lui dis-je, le savoir.
— La réponse, dit-elle, est dans tes écrits mêmes,
Toi qui fais tant d'honneur à l'un de ces emblèmes.
Jeune encor, je vainquis le monde, et du vainqueur
La palme est l'attribut, et du triomphateur
    Le laurier pare la tête,
Mon cœur en fut rendu digne grâce au Seigneur.
    Toi, quand mugit la tempête,
Tourne vers lui tes yeux, implore son secours,
Pour qu'avec lui tu sois à la fin de tes jours.

— Ce sont ces blonds cheveux, et leur rare élégance,
Qui m'enchaînent encor, lui dis-je, et les beaux yeux
Qui furent mon soleil! — Des sots fuis la démence
Dit-elle, et ne suis point leur style, leur croyance.
Je suis un pur esprit, et j'habite les cieux :
Ce que tu cherches gît depuis longtemps sous terre ;
    Mais, pour tarir ta misère,
Telle je t'apparais, et bien plus belle encor
    Je serai qu'avant ma mort,
Et pour toi bien plus chère, étant dure et pieuse,
De ton propre salut et du mien soucieuse. »

Je pleure, et de sa main chérie,
Avec un doux soupir, mon visage elle essuie,
Et je l'entends se fâcher
En paroles pouvant briser un dur rocher.
Je m'éveille aussitôt, mais elle s'est enfuie.

CANZONE VII

Quell' antiquo mio dolce empio signore

Le poëte traduit l'Amour devant le tribunal de la Raison. L'Amour, en se disculpant, fait le plus brillant éloge de Laure. La pierre à laquelle il aiguisait son ardeur juvénile, c'est l'espérance. A la septième strophe, le grand homme dont il parle, c'est Scipion l'Africain.

Cet antique tyran dont j'ai porté la chaîne,
Je l'ai fait assigner devant la souveraine
      Qui rehausse la valeur
De notre genre humain, qui par elle domine,
Et là, comme on soumet l'or au feu qui l'affine,
Je me suis présenté surchargé de douleur
      Et tout tremblant de frayeur,
Comme un homme qui craint la mort et qui réclame
Justice, et je lui dis : Mon pied gauche, Madame,
Jeune encore je mis dans son État charmant;
      Et le dédain, les colères,
J'y sentis seulement, et de telles misères
      Je supportai constamment
Qu'à la fin je perdis ma grande patience,
Et je me dégoûtai de ma propre existence.

Jusqu'ici j'ai souffert l'accès continuel
De flammes, de douleurs ; que de plaisirs honnêtes
    Et que d'innocentes fêtes
J'ai méprisés pour plaire à ce maître cruel !
Quel génie aurait donc paroles assez prêtes
Pour tracer le tableau de mon bien triste état,
    Des ruses de cet ingrat,
Et de ma grave et juste et trop constante plainte ?
Oh ! pour si peu de miel, que de fiel ! que d'absinthe !
Oh ! comme il sut longtemps m'abreuver de douleurs
    Par ses trompeuses douceurs
Qui me firent entrer dans l'escorte amoureuse,
    Car, si ma foi n'est trompeuse,
J'aurais dû m'illustrer par de glorieux faits ;
Et lui m'a mis en guerre, en guerre pour jamais,

Si je n'observe mieux ce que le ciel m'enseigne,
Ainsi le veut l'amour, et que je me dédaigne.
    Pour une femme j'ai pris
De tout autre penser le dégoût, le mépris ;
Lui seul m'a fait agir d'une telle manière,
Aiguisant mon ardeur juvénile à la pierre
    D'où constamment j'attendis
Quelque soulagement à sa rude ingérence.
Hélas ! que m'ont servi ma noble intelligence
Et tous les autres dons que je tenais des cieux ?
    Je vois blanchis mes cheveux,

Mais mon brûlant désir, loin de changer, persiste,
    Et nulle trace n'existe
De liberté pour moi, car cet être fatal
Me l'a prise, et me rend doux l'amer et le mal.

Par lui seul j'ai bravé les lieux les plus sauvages,
Les bêtes, les déserts, les rapaces voleurs,
    Tant de méchants, tant d'usages,
Et de tout voyageur les nombreuses erreurs ;
Monts, vallons et marais, les mers et les naufrages,
Mille piéges tendus et de mille façons,
    Des hivers hors de saisons,
Avec tous les dangers qui menaçaient ma vie ;
Et ce chef si barbare, et cette autre ennemie
Que je fuyais, ont fait mes maux toujours constants ;
    Que si bien avant le temps
Victime je ne suis de la mort si traîtresse,
    C'est que le Ciel s'intéresse
A mon futur salut, non ce cruel tyran
Qui trouve tant de charme à me voir si souffrant.

Sitôt que je fus sien, toujours dans l'insomnie,
Je n'eus et je n'attends un seul paisible jour,
    Et ni plantes, ni magie
Ne sauraient du sommeil provoquer le retour.
Par la ruse et la force il s'est rendu le maître
De mes sens ; et tout son qui depuis à l'entour

Surgit où que je puisse être,
Je l'ai toujours ouï, mon dire est sérieux.
Jamais le ver rongeur n'a rongé le bois vieux
Comme il ronge mon cœur, celui-là qui l'habite,
    Qui son trépas sollicite.
De là naissent les pleurs, les cruels déplaisirs,
    Les paroles, les soupirs,
Dont peut-être les gens, comme moi, je fatigue.
Sois juge, tu connais mon sort et son intrigue.

Mon adversaire alors, d'un ton acerbe et dur,
Commence ainsi: «Daignez, Madame, aussi m'entendre,
    Le vrai je vais vous l'apprendre;
L'ingrat le méconnaît, croyez-moi, j'en suis sûr.
Celui-ci, jeune encor, voulut bien entreprendre
De conter des propos mensongers et douteux,
    Il n'est même pas honteux
(Lorsque je substitue à ses ennuis mes charmes)
De se plaindre de moi, qui si pur par mes armes
Le conservai, malgré ses désirs qui sa mort
    Conspiraient; et son doux sort
Qu'il ne doit qu'à moi-même, il l'appelle misère,
    Lorsque seul j'ai pu lui faire
Son renom, élevant son esprit à tel point
Qu'il n'eût jamais atteint par son unique appoint.

Vous savez qu'Annibal, grand ennemi de Rome;
Que le vaillant Achille et l'Atride fameux,

   Et de tous le plus grand homme[1]
Par ses grandes vertus, pas ses hauts faits nombreux,
Purent s'abandonner à leur amour servile,
Comme le sort l'avait prescrit à chacun d'eux ;
   Moi, je lui choisis, sur mille,
Une rare beauté, celle que tant j'aimais
(Sa pareille sur terre on ne verra jamais,
Quand même reviendrait Lucrèce encore à Rome),
   Et si charmant idiome
Je sus lui suggérer, et des chants si flatteurs,
   Que toute basse pensée
Fut toujours de son cœur promptement évincée :
Tels furent envers lui mes procédés trompeurs.

Les voilà donc, ce fiel, ces dédains, ces colères,
Plus doux que les faveurs d'autrui, plus salutaires !
   Je récolte un mauvais fruit
D'une bonne semence ; or voilà le produit
Des ingrats bien servis. D'attentions si chères
J'usai que par son dire il sut tant captiver
   Et tellement s'élever
Que parmi les esprits même les plus sublimes
Son nom est éclatant ; je dis plus, de ses rimes
On conserve en un lieu le plus doux souvenir,
   Et, bien loin de devenir

---

1. Scipion l'Africain.

Soit un vil courtisan, soit un homme sans lustre,
    Il s'ennoblit et s'illustre
Par mes propres leçons, par mes efforts constants
Et par celle qui n'eut d'égale en aucun temps.

A mille actes pervers j'ai voulu le soustraire,
Pour qu'enfin vous sachiez ma plus belle leçon ;
    Jamais d'aucune façon
Il ne put estimer le vil ni le vulgaire;
En actes, en pensers, il fut toujours sensé,
Du jour qu'à cette dame il s'efforça de plaire,
    Qui dans son cœur a laissé
Si forte impression et l'a fait son semblable ;
Tout ce qu'il a produit de rare, d'agréable,
De moi, d'elle, il le tient. Pourquoi donc ses fureurs ?
    Jamais nocturnes fantômes
Ne furent comme il l'est pour nous si pleins d'erreurs.
    Lui qui près Dieu, près des hommes,
Depuis qu'il nous connut est en accord si doux,
L'orgueilleux, il se fâche et paraît en courroux.

Pour s'envoler au ciel je lui donnai des ailes
(Et de tous mes bienfaits c'est même le plus grand),
    Par les choses mortelles
Qui mènent droit à Dieu celui qui les comprend.
Car, en bien contemplant les qualités si belles
Dont le nombre est si grand dans son flatteur espoir,

   L'une après l'autre à les voir,
Il pouvait s'élever jusqu'aux sources sublimes :
Très-souvent, il l'a dit lui-même dans ses rimes ;
Quand moi-même il m'oublie, et cette dame aussi
    Que je donnai pour appui
A sa frêle existence. » A ces mots, je m'écrie,
   L'âme de chagrins meurtrie :
« C'est vrai qu'il la donna, mais vite il la reprit.
— Moi, dit-il, non ; mais Dieu qui pour lui seul la fit. »

Puis, regardant tous deux l'arbitre souveraine,
Moi timide et tremblant, lui d'une voix hautaine,
   Chacun pour soi concluant :
« Reine, lui dîmes-nous, ton arrêt daigne rendre.
   — Oui, dit-elle en souriant,
Satisfaite je suis d'avoir pu vous entendre ;
Mais un tel jugement demande un plus long temps. »

SONNET LXXXI

Dicemi spesso il mio fidato speglio

Son âge mûr et les sages conseils de Laure le font rentrer
en lui-même.

Mon fidèle miroir me dit très-fréquemment
Avec mon esprit las et ma changeante écorce,
Et l'affaiblissement de mon antique force :
« Tu vieillis, apprends donc à le voir clairement.

Mieux vaut à la nature obéir sagement,
Car de lui résister vainement on s'efforce. »
Alors d'un long sommeil je m'arrache à l'amorce,
Comme le feu s'éteint par l'eau subitement,

Et je vois que la vie, hélas ! vite s'envole,
Qu'on ne peut en jouir qu'une fois ici-bas;
Puis j'entends dans mon cœur vibrer une parole

De celle que je sais victime du trépas,
Mais qui, vivante, fut seule beauté sur terre,
Puisqu'elle fit pâlir les autres, si je n'erre.

SONNET LXXXII

Volo con l' ali de' pensieri al Cielo

Sa pensée est si fixée sur Laure qu'il croit être dans le Ciel et parler avec elle.

Sur l'aile du penser je vole dans les cieux,
Et cela si souvent qu'enfin je me suppose
L'un de ces bienheureux dont l'esprit là repose,
Sur terre ayant laissé son édifice osseux.

Parfois mon cœur frémit d'un froid délicieux,
Quand j'entends celle qui de mon long deuil est cause
Me dire : « Ami, je t'aime, et te l'avouer j'ose,
Puisque je vois changés tes mœurs et tes cheveux. »

Elle me mène à Dieu : moi, la tête inclinée,
Je le prie humblement pour qu'il me soit permis
D'y rester pour jouir de leurs regards amis.

« Non, dit-il, sache-le, fixe est ta destinée ;
Et si tu vis encor vingt ou même trente ans,
Tu croiras que c'est trop, mais si prompt est le temps !

SONNET LXXXIII

Morte ha spento quel Sol ch' abbagliar suolmi

Débarrassé des chaînes de l'Amour, qui l'a tant fait souffrir, ennuyé et fatigué de l'existence, il revient à Dieu.

Éteintes a la Mort mes lumières sereines,
Et plongé dans la nuit, quoique parfaits, mes yeux;
Terre est celle qui fit mes sens vifs ou peureux :
Mes lauriers, maintenant, sont des ormes, des chênes ;

De là vient mon salut, de là viennent mes peines.
Laure n'est plus qui fit vaillants ou paresseux
Mes pensers et tantôt glacés ou chaleureux
Qui les nourrit de deuil ou d'espérances vaines.

Enfin débarrassé d'un ennemi cruel,
Qui si longtemps m'a fait répandre tant de larmes,
En liberté je vis de chagrins et de charmes.

Et vers Dieu, qui d'un signe ordonne tout au ciel,
Je reviens plein d'amour et de reconnaissance,
Dégoûté de ce monde et las de l'existence.

SONNET LXXXIV

Tennemi Amor anni ventuno ardendo

Il reconnaît ses fautes; il les regrette, et il prie Dieu
de le sauver de la peine éternelle.

Vingt et un ans l'Amour me tint, me consumant,
Bien joyeux dans le feu, souffrant plein d'espérance;
Mais, depuis que ma dame et mon cœur en présence
De Dieu sont, j'ai pleuré dix ans et constamment.

Desormais je suis las : aussi présentement
Je blâme mon erreur, qui la bonne semence
A presque éteinte en moi ; mais de mon existence
Je te rends, ô grand Dieu ! la fin dévotement,

Contrit d'avoir si mal dépensé mes années,
Quand pour un but meilleur elles m'étaient données,
Pour vivre en paix et fuir le sort le plus cruel.

Seigneur, par qui mon âme en ce corps fut incluse,
Je reconnais ma faute, aussi je ne l'excuse ;
Daigne donc l'affranchir du supplice éternel.

SONNET LXXXV

I' vo piangendo i miei passati tempi

Il s'humilie devant Dieu, et, versant des larmes, il implore sa grâce
au moment de la mort.

Je pleure mon passé : pourquoi donc, malheureux,
N'ai-je aimé si longtemps qu'une chose mortelle,
Alors que je n'avais qu'à déployer mon aile
Pour m'élever bien haut par des faits glorieux?

Toi qui vois mes méfaits indignes et nombreux,
Roi du ciel, invisible et d'essence éternelle,
Prends pitié de mon âme égarée et si frêle,
Et fais-lui ressentir ton pardon gracieux;

Fais que, si j'ai vécu longtemps dans la tempête,
Mon existence cesse en paix et dans le port,
Et qu'après mon erreur mon départ soit honnête.

Fais donc que par tes soins j'aie une douce mort;
Au reste de mes jours prête ton assistance :
Tu le sais, en toi seul j'ai mis mon espérance.

SONNET LXXXVI

Dolci durezze e placide repulse

Il doit son propre salut à la conduite vertueuse de Laure à son égard

Aimables duretés, répulsions sensées,
Pleines d'un chaste amour, de douce piété;
Délicieux dédains dont la douce âcreté
Tempéra, je le vois, mes fougues insensées;

Langage séduisant, où furent bien placées
L'extrême courtoisie avec l'honnêteté,
Rare fleur de vertu, fontaine de beauté,
Qui bannit de mon cœur toutes viles pensées;

Regard divin, pouvant rendre un mortel heureux,
Qui tantôt modérait mon cœur trop désireux
Des choses qui pouvaient blesser la convenance,

Ou tantôt ranimait ma fragile existence :
De cette alternative est sorti mon salut ;
Sans elle je marchais vers un tout autre but.

SONNET LXXXVII

Spirto felice, che sì dolcemente

Elle était si pleine de grâces qu'elle mourant, la Courtoisie et l'Amour désertèrent le monde.

O bienheureux esprit qui ces yeux animais,
Plus clairs que le soleil, et de si douce flamme,
Qui la voix, les soupirs également formais,
Que j'entends même encor jusqu'au fond de mon âme !

Je te vis autrefois, quand chastement j'aimais,
Mouvoir sur le gazon les pieds de cette femme,
Comme le fait un ange, et non comme une dame
Qui maintenant m'est plus présente que jamais !

Et quand tu pris ton vol vers l'auteur de ta vie,
Tu la laissas sur terre avec son rare corps,
Qui ton partage fut par le meilleur des sorts.

A ton départ d'ici, l'amour, la courtoisie
Partirent ; d'un soleil furent privés les cieux.
Dès ce moment la mort parut douce à mes yeux.

SONNET LXXXVIII

Deh porgi mano all' affannato ingegno

Il s'adresse à l'Amour pour qu'il l'aide à chanter dignement les louanges de Laure. Aux deux tercets l'Amour lui répond.

« Ranime donc, Amour, mon esprit sans ardeur,
Rends vigoureux mon style : il est las et trop frêle
Pour bien dire de Laure, à présent immortelle,
Qui réside au séjour de l'éternel bonheur.

« Pour faire son éloge aide-moi donc, Seigneur,
Je ne puis seul chanter une pureté telle ;
Le monde n'eut jamais une femme si belle,
Et fort peu digne il fut d'avoir un tel honneur.

— Tous les dons que le Ciel et moi pouvons produire,
Dit l'Amour, et l'honnête et le rare bon sens,
Dans celle que la Mort nous a prise on vit luire.

De plus, et que ces mots soient pour toi suffisants,
Depuis qu'Adam naquit, on n'a vu pareils charmes ;
Je le dis en pleurant, écris-le dans les larmes. »

SONNET LXXXIX

Vago augelletto che cantando vai

Le chant plaintif d'un petit oiseau lui rappelle sa propre et grave tristesse. L'heure et la saison dont parle le poëte au deuxième tercet, c'est le soir et l'hiver.

Oiseau qui dans tes chants, dans tes pleurs langoureux,
Regrettes du passé la chère jouissance,
Quand, le jour disparu, la nuit est en présence,
Et que l'hiver succède aux mois doux et joyeux,

Si, comme tu connais tes revers douloureux,
Tu savais de mon sort la grande ressemblance,
Tu viendrais sur mon sein partager ma souffrance :
Dans mon affliction je suis si malheureux !

Quand celle qui tes pleurs cause est peut-être en vie,
Sans nul doute il serait inégal notre sort,
Puisque avares pour moi sont le Ciel et la Mort.

Mais l'heure et la saison que l'homme moins envie,
Avec le souvenir des bons, des mauvais jours,
M'invitent à pleurer avec toi nos amours.

SONNET XC

La bella donna che cotanto amavi

La mort de Laure l'engage à méditer sérieusement sur la vie future. Le poëte s'adresse la parole à lui-même. Sa plus grande affaire, c'est sa passion amoureuse, le joug de l'Amour dont il est débarrassé.

La charmante beauté que tellement j'aimais
De ce séjour terrestre est trop vite partie,
Et pour prix des vertus dont elle fut remplie
Elle est montée aux cieux, moi du moins je l'admets.

Recouvre, il en est temps maintenant ou jamais,
Les deux clefs de ton cœur qu'elle eut pendant sa vie,
Et cette route prends qu'elle a si bien suivie ;
Rien sur terre ne doit t'arrêter désormais !

Te voilà dégagé de ta plus grande affaire ;
Du reste tu pourras aisément te défaire,
Et, pèlerin léger, t'envoler vers le Ciel.

Tu vois donc clairement que tout être est mortel,
Et combien pour notre âme il est prudent et sage
D'être prête à franchir le périlleux passage.

CANZONE VIII

Vergine bella, che di sol vestita

Repentant, il invoque la Vierge Marie, et il la supplie de venir à son aide pendant la vie et à l'heure de sa mort. Le poëte parle de la partie de lui-même qui ressemble à Dieu : c'est l'âme. Il nomme Laure Méduse, parce qu'en l'aimant elle lui fait oublier parfois d'aimer Dieu.

Vierge, unique beauté, d'étoiles couronnée,
Qui, de tant de vertus modestement ornée,
Plus tellement à Dieu qu'il prit jour dans ton sein,
Je voudrais la louer, ta grandeur, mais en vain
J'oserais le tenter sans ta propre assistance
Et sans celui qui mit en toi sa complaisance.
Je sais que tu réponds à l'invocation
    Quand la supplique est sincère.
    Vierge, si notre misère
Te porta quelquefois à la compassion,
Écoute ma prière avec affection ;
    Assiste-moi dans ma peine,
Quoique terre je sois, et toi céleste reine.

Vierge sage, qui tiens dans le groupe éclatant
Des vierges que l'on dit siéges de la prudence
Le premier rang, que dis-je ? et qui l'emportes tant,
O ferme bouclier de l'humaine souffrance,

Qui garantis des coups du sort et de la Mort,
Sous lequel on se sauve et triomphant on sort !
O doux modérateur de l'aveugle démence
   Des mortels vertigineux !
   Vierge, que tes deux beaux yeux,
Qui virent en pleurant les blessures profondes
De ton glorieux fils, en grâces si fécondes,
   Voient mon état sans pareil,
Et daigne m'éclairer par ton sage conseil !

Vierge pure et sans tache, et qui fus fille et mère
Dans ton bien précieux et rare enfantement ;
Toi l'éclat de ce monde, et d'en haut l'ornement ;
Porte du Ciel sublime, éblouissante, altière,
Par toi ton divin Fils et du souverain Père
Vint pour notre salut dans nos plus sombres jours ;
Et parmi les nombreux et terrestres séjours,
   Oui, tu fus seule choisie,
   Vierge adorable et bénie,
Qui convertis les pleurs d'Ève en concerts joyeux,
Fais donc, car tu le peux, reine au ciel couronnée
   Et pour toujours fortunée,
Fais que je sois admis au nombre des heureux.

Vierge sainte, qui fus de toutes grâces pleine,
Toi qui conquis le Ciel par ton humilité,
D'où tu m'entends prier dans ma faiblesse humaine,

Par toi virent le jour la source de bonté,
Et ce juste Soleil qui si bien rassérène
Notre siècle plongé dans de sombres erreurs.
Toi seule réunis trois doux noms, trois grandeurs,
   D'épouse, de fille, de mère !
   Vierge, idole des chrétiens,
Souveraine du roi qui, brisant nos liens,
Nous donna le bonheur et bannit la misère,
   Si tu veux me rendre heureux,
Calme mon cœur souffrant dans son flanc douloureux.

Vierge par excellence et qui fus sans pareille,
Dont les rares beautés séduisirent les cieux,
Toi qui du genre humain fus la grande merveille,
Tes célestes pensers et tes actes pieux
Dressèrent au vrai Dieu son vivant et saint temple
Dans ta virginité féconde et sans exemple.
Tu peux, si tu le veux, rendre mes jours joyeux ;
   Car ta prière, ô Marie !
   Vierge clémente et chérie,
Fait abonder la grâce où dominait l'erreur.
Et quand je t'en supplie avec tant de ferveur,
   Daigne me servir d'escorte,
Pour que mes pas errants vers le grand but je porte.

Vierge d'un éclat rare, immuable, éternel,
Qui d'étoile nous sers sur cette mer perfide,

Toi du nocher fidèle ô le fidèle guide !
Daigne donc observer quel ouragan cruel
Me ballotte en tout sens, moi sans voile et timide,
Et la fin de mes jours croyant apercevoir.
Mais mon âme dans toi place tout son espoir,
  J'ai péché, je ne le nie,
  Vierge, mais, je t'en supplie,
Fais qu'à ton ennemi ne profite mon mal :
Tu sais que Dieu, voulant rendre notre âme pure
  D'originelle souillure,
Prit sa nature humaine en ton sein virginal.

Vierge, après tant de pleurs, tant de vaines prières,
Après m'être bercé d'un espoir erroné,
Quel est donc mon profit? Des peines, des misères !
Depuis que sur les bords de l'Arno je suis né,
Parcourant tantôt l'une et tantôt d'autres terres,
Mes jours furent sans cesse un tissu de tourments ;
Je fus toujours captif des prestiges charmants
  D'une beauté périssable.
  Vierge sainte et secourable,
Ne tarde point, je suis du tombeau sur le bord ;
Mes jours plus vite ont fui que la flèche légère
  Dans le péché, la misère :
Maintenant je ne dois attendre que la mort.

Vierge, sous terre elle est, la femme qui vivante
Nourrit mon cœur de pleurs; sa mort fait mon tourment,

Et de mes mille maux elle fut ignorante.
Les eût-elle connus, j'aurais certainement
Eu le même destin. Étant plus complaisante,
C'était pour moi la mort, pour elle déshonneur.
Mais toi, reine du Ciel, déesse de mon cœur
   (S'il m'est permis ce langage),
  Vierge prudente et si sage,
Tu vois tout, et quand nul n'atteindrait à ce but,
C'est un jeu, je le sais, pour ta grande puissance
   De terminer ma souffrance !
Ce sera ton honneur, et pour moi le salut.

Vierge dans qui j'ai mis toute mon espérance,
Qui peux dans mon malheur me prêter assistance,
Veille donc sur ma vie à la fin de son cours !
Ne me regarde point, mais l'auteur de mes jours,
Et que non ma valeur, mais bien sa ressemblance[1],
Qui fait ma vie, à moi t'engage à t'attacher.
Méduse et mon erreur m'ont fait un dur rocher
   Ruisselant d'une humeur vaine :
  Vierge, d'une sainte veine
De pleurs remplis mon cœur si contrit et lassé !
Qu'au moins mon dernier pleur soit un pleur de sagesse,
   Sevré de toute bassesse,
Comme mon premier fut follement insensé.

---

1. L'âme.

Vierge humaine, qui fus de l'orgueil ennemie,
Par amour du commun principe de nos jours,
Prends pitié de mon cœur contrit qui s'humilie !
Que si d'un tel amour sut m'enflammer toujours
Un atome de terre impuissante et mortelle,
Que ferai-je pour toi, pour toi surnaturelle ?
Si de mon vil état, rempli de déplaisirs,
    Par tes mains je me délivre,
    Vierge, je consacre et livre
A ton nom mes pensers, mes larmes, mes soupirs,
Et ma langue et mon cœur, mon génie et mon style !
    Fais que j'aille au saint asile
Me sachant gré d'avoir permuté mes désirs.

Ma fin s'avance, elle est peut-être bien prochaine :
    Du temps si prompt est l'essor,
    Vierge unique et souveraine !
Mon cœur sent l'aiguillon du trépas, du remord.
Recommande-moi donc à ton Fils, qui fut homme;
    Lui qui seul vrai Dieu se nomme;
Qu'il reçoive mon âme à l'heure de ma mort !

TROISIÈME PARTIE

TRIOMPHES

SUR

LA VIE ET LA MORT DE LAURE

Dans ces triomphes, le poëte nous fait voir l'amour triomphant de l'homme dans sa jeunesse, la chasteté triomphant plus tard de l'amour, la mort triomphant de l'amour et de la chasteté, la renommée triomphant de la mort, le temps de la renommée, et l'éternité enfin triomphant du temps.

Le but que s'est proposé le poëte est le même que celui des deux parties qui précèdent, c'est-à-dire d'exalter les beautés et les vertus de Laure, de payer un juste tribut d'honneur et d'éloges à l'idole incomparable de son cœur, et par la pensée de faire un retour de temps en temps sur l'origine, sur les progrès et sur la fin de son amour.

TRIOMPHE DE L'AMOUR

> Celui-là me vainquit que le vulgaire adore,
> Et je vis où l'on va quand son feu nous dévore,
> A quelle servitude, à quel funeste but.
>
> *Triomphe de l'Amour*, ch. iv.

CHAPITRE Ier

Nel tempo che rinnova i miei sospiri

Dans ce chapitre, le poëte raconte un songe dans lequel il vit l'Amour triomphant et un grand nombre de captifs. Il se fait désigner leurs noms par un ami. On sait que l'amour de Pétrarque pour Laure prit naissance le 6 avril et qu'il ne s'éteignit qu'avec son existence.

A la saison qui fait renaître ma souffrance
Par le doux souvenir du jour où prit naissance
Mon éternel martyre, œuvre de mon amour,

Du Taureau le soleil dorait déjà le signe,
Et, grelottant de froid, la compagne si digne
De Tithon regagnait son antique séjour.

Saison, amour, dédains, mon âme désolée,
M'avaient alors conduit dans la close vallée
Où cessent aussitôt les peines de mon cœur.

Vaincu par le sommeil, las de verser des larmes,
Sur l'herbe j'aperçus un être plein de charmes,
Bien avare de joie et source de douleur.

Et je vis un grand chef ami de la victoire,
Et comme au Capitole, où les attend la gloire,
On en voit arriver sur un char triomphal.

Mais moi, qui n'avais vu de si brillant spectacle
Dans ce siècle ennuyeux, qui ne connaît d'obstacle
A ses penchants pervers, à son orgueil fatal,

Pour bien voir ce tableau de si nouvelle intrigue,
J'élevai mes yeux lourds et brisés de fatigue,
Car le désir d'apprendre est chez moi le plus grand.

Je vis quatre coursiers plus blancs que neige fraîche,
Et sur un char de feu l'enfant à l'air revêche,
Qui tient l'arc à sa main, les flèches à son flanc.

Contre elles vaines sont les plus fortes armures :
Et deux ailes brillant des plus riches parures
S'étalaient sur son dos ; nu me parut son corps.

Tout autour s'agitait une foule nombreuse :
Tous avaient succombé dans la lutte amoureuse,
Ils étaient ou blessés, ou prisonniers, ou morts !

Voulant ouïr de près leurs paroles intimes,
Je faillis me mêler au nombre des victimes
Dont l'Amour avant l'heure avait tranché les jours.

Je cherchais si quelqu'un je pourrais reconnaître
Dans les rangs si serrés des sujets de ce maître,
Qui trouve son plaisir à voir pleurer toujours,

Mais je ne pus saisir aucune ressemblance,
Et si quelqu'un jadis fut de ma connaissance,
Tout autre l'avaient fait la prison ou la mort.

Lorsqu'une ombre moins triste à mon regard se montre,
M'appelant par mon nom, s'avance à ma rencontre,
Et me dit : « De quiconque aime voilà le sort. »

Moi, surpris, je lui dis : « Daigne m'apprendre encore
Comment tu me connais, car ton nom moi j'ignore.
— Cela tient, me dit-il, à ce fardeau si lourd

Des chaînes que je porte, à l'air de ce lieu même,
Trop dense pour tes yeux. Sache donc que je t'aime;
Comme toi sous le ciel toscan je vis le jour. »

Le timbre de sa voix, son antique langage,
M'éclairèrent bien mieux que les traits du visage,
Et tous deux sur un pic nous gravîmes alors.

« Depuis longtemps déjà j'attendais ta présence
En ces lieux, me dit-il, car j'ai dès ton enfance
Présagé ta venue en voyant tes dehors.

— Oui, lui dis-je, c'est vrai ; mais, craignant la tourmente
De l'amour, je laissai l'entreprise pendante.
Vois pourtant déchirés mon sein, mon vêtement. »

A peine eut-il ouï ce que je viens de dire
Qu'il reprit aussitôt avec un doux sourire :
« Cher fils, quel feu pour toi couve secrètement ? »

Sa parole, qu'alors je n'avais point comprise,
Maintenant dans ma tête est fortement assise,
Plus qu'un marbre ne rend les écrits persistants.

Et comme le jeune âge ardent et prompt commande
A la langue, à l'esprit, alors je lui demande :
« De grâce, quels sont-ils, ces nombreux habitants ?

— Dans peu de temps, dit-il, tu pourras les connaître ;
Toi-même, sache-le, dans leurs rangs tu dois être :
De pareils nœuds pour toi se font à ton insu,

Et tu verras changer tes cheveux, ton visage,
Bien avant que tes pieds n'aient brisé le servage
Du lien amoureux qu'ils n'ont encor reçu.

De nous donc, pour calmer tes ardeurs juvéniles,
Mais, avant, de celui qui nous rend tous serviles
Ou morts, je parlerai : du roi de ce séjour.

Celui-là, c'est l'Amour, sous ce nom on l'adore ;
Tu vois s'il est méchant, mieux le verras encore
Lorsque tu sentiras sa puissance à ton tour.

Tout enfant, il est doux, mais dur en sa vieillesse.
Qui l'a connu le sait, et quelle est son adresse
Bientôt tu le sauras. Tiens-toi pour averti.

Il naquit du loisir, de l'humaine licence ;
Des pensers les plus doux il fait son existence,
Et la foule des sots en dieu l'a converti.

Tel de lui tient la mort, tel par lui voit sa vie
A sa barbare loi pesamment asservie,
Fermé sous mille clefs et sous les chaînes las.

Vois cet illustre chef, tous marchent à sa suite ;
Le monde il fit trembler : c'est César ; en Égypte,
Cléopâtre le sut lier par ses appas.

Le vainqueur est vaincu : quoi de plus légitime
Qu'à la fin, du vainqueur triomphe la victime ?
Si le monde il vainquit, qu'il succombe à son tour.

L'autre est son fils Auguste. Il sut par ses prières
Enlever sa Livie, et mit en ses manières
Les marques d'un plus juste et plus constant amour.

Néron est le troisième ; il fut cruel, injuste,
La femme le vainquit ; il est pourtant robuste...
Regarde-le marcher, colère, furieux.

Vois Marc-Aurèle, il fut de tout éloge digne :
Pour la philosophie il eut un culte insigne ;
Mais Faustine le rend docile, obséquieux.

Ces deux-là qui sont pleins d'une frayeur mortelle,
L'un, c'est Denis, et l'autre, Alexandre on l'appelle,
Victime des soupçons, comme il le mérita.

Celui-ci, c'est Énée ; il pleura sous Antandre
La perte de Créuse, et l'amante il sut prendre
A celui qui la vie au fils d'Évandre ôta.

Tu le connais, celui qui, la poursuite active
De Phèdre redoutant et son ardeur lascive,
S'enfuit pour se soustraire à son obsession ?

Eh bien, ce noble instinct de chasteté bénigne
Causa son dur trépas, tant sa marâtre indigne
En haine convertit sa vive passion.

Elle en mourut aussi. Par là fut compensée
L'insulte d'Hippolyte, Ariane et Thésée.
Comme tu vois, l'Amour fut cause de sa mort.

Tel veut blâmer autrui qui s'accuse lui-même,
Et celui qui se plaît dans le noir stratagème,
S'il est aussi trompé, se plaindrait bien à tort.

Le vois-tu, ce Thésée à grande renommée,
Captif entre deux sœurs : l'une il a tant aimée !
L'autre pour lui nourrit un feu si chaleureux !

Vois Hercule, si fort, de prise difficile
L'Amour en triompha ; cet autre, c'est Achille,
Lui qui dans son amour eut un sort malheureux.

Cet autre est Démophon, Phyllis arrive ensuite;
Celui-là, c'est Jason : Médée à sa poursuite
Fut partout, car si grande était sa passion.

Étant envers son père et son frère coupable,
Comme elle se croyait justement adorable,
Plus barbare elle fut pour son amant Jason.

Isyphile tu vois, qui maudit l'étrangère [1]
D'avoir osé ravir sa passion si chère ;
Puis Hélène, qu'on dit aux charmes sans rivaux.

Vois près d'elle Pâris, qui de sa belle tête
S'enflamma tellement qu'une affreuse tempête
En sortit pour couvrir la terre de tous maux.

---

1. Médée.

Écoute se plaignant dans le deuil, dans la peine,
Œnone de Pâris, et Ménélas d'Hélène ;
Celle[1] qui pousse Oreste à tuer le maudit ;

Protésilas pleuré par sa Laodamie,
Et Polynice aussi par sa fidèle Argie,
Quand d'Amphiaraüs la femme se vendit.

Écoute les soupirs, les pleurs où sont réduites
Les victimes qui sont par les charmes séduites
De celui qui les force à périr dans ses feux.

De citer tous leurs noms je n'ai pas le courage,
Car les dieux, les mortels de tout temps, de tout âge,
Sont groupés dans ce bois de myrtes si nombreux.

Vois la belle Vénus, Mars qui près d'elle passe ;
Vois l'armure de fer qui tout son corps enlace ;
Vois aussi, mais à part, Proserpine et Pluton.

Vois Junon, vois Phébus à blonde chevelure,
Qui l'Amour et son arc dédaignant par nature,
Si fort en Thessalie en sentit l'aiguillon.

Qu'ajouterai-je encore ? En deux mots pour tout dire,
Là sont pris tous les dieux que Varron sut décrire.
Vois Jupiter, chargé d'un nombre sans égal
De chaînes, précédant le grand char triomphal. »

---

1. Hermione.

CHAPITRE II

Stanco già di mirar, non sazio ancora

Il raconte un entretien qu'il eut avec Massinissa et Sophonisbe, et puis un second avec Séleucus. Il démontre ensuite par une comparaison le grand nombre d'amants qu'il ne connut point; puis il termine en nommant ceux qu'il a cru reconnaître.

Quoique las d'admirer, je promenais ma vue,
Et toujours curieux je passais en revue
Ce qu'il serait trop long de conter maintenant.

Mon âme voyageait de pensée en pensée,
Lorsque sur deux amants je la retins fixée,
Qui d'amour discouraient tout en se promenant.

Leur costume élégant et leur langue étrangère
Furent pour moi d'abord un étrange mystère;
Mais mon guide m'apprit leur nom et leur pays.

Sentant par son récit ma personne enhardie,
Je m'approchai: l'un d'eux aima tant l'Italie,
Quand Rome et ses enfants par l'autre étaient maudits!

« O grand Massinissa ! dis-je à l'ombre première,
Par ton cher Scipion, par ta dame si chère,
Si j'ose te parler, j'invoque ton pardon.

— J'apprendrais volontiers, me dit-il avec joie,
Ton nom d'abord, et puis comment, par quelle voie,
Tu reconnais si bien ma double affection.

— Qui je suis ? répondis-je ; ah ! je suis trop indigne
Que tu saches mon nom ; il serait trop insigne
Que mon si faible éclat fut jusqu'à toi venu.

Mais de ton nom royal tout l'univers résonne,
Et l'amour le plus franc attache à ta personne
Ceux par qui tu ne fus même jamais connu. »

Puis, désignant leur chef[1] : « Vous donne-t-il, lui dis-je,
Guerre ou paix ? Mais quel couple êtes-vous ? Tel prodige
D'affection vit-on jamais en aucun temps ?

— Ta langue, qui mon nom a prononcé naguère,
Me prouve que pour toi je ne suis un mystère ;
Mais je vais dissiper ton doute en peu d'instants.

Partout de ce héros[2] je suivis les enseignes,
A lui je fus lié par de pressantes chaînes,
Autant que Lelius, avec non moins d'ardeur.

---

1. L'Amour. — 2. Scipion l'Africain.

La Fortune pour lui fut toujours souriante,
Mais pas encore assez pour sa valeur puissante.
Nul autre sur ce point n'égala sa grandeur.

Alors que des Romains les armes glorieuses
Dans l'extrême Occident furent victorieuses,
Là, cette dame et moi, nous sentîmes nos feux;

Et jamais on ne vit, hélas! si douces flammes;
Jamais on n'en verra s'allumer dans deux âmes.
Mais trop bref fut le temps pour combler tous nos vœux

En vain par les liens d'un étroit hyménée
Nous fûmes enlacés, point ne fut épargnée
La légitime ardeur de notre affection.

Celui qui pouvait plus sur moi que tout le monde
Put dissoudre à son gré notre union profonde,
Se montrant insensible à notre affliction;

Et, bien qu'il me rendît la souffrance si dure,
Je vis dans ses arrêts la vertu la plus pure :
Bien aveugle est celui qui ne voit le soleil.

De rigoureuses lois peuvent aux amants nuire;
Un ami si puissant sut à néant réduire
Nos beaux rêves d'amour par son sage conseil.

Je l'aimai comme un fils, père il fut par la gloire,
Frère d'âge ; à sa voix je fus contraint de croire,
Les yeux remplis de pleurs, et mon cœur de chagrins.

Ainsi ma bien-aimée abandonna la vie ;
Elle aima mieux mourir que de vivre asservie,
Alors qu'elle se vit au pouvoir des Romains.

Le ministre je fus de ma propre souffrance :
Car je fus supplié, mais avec telle instance
Que je m'offensai, moi, pour ne pas l'offenser,

Et je lui fis tenir le poison. Combien triste
J'en fus, elle le sait, et, dans toi s'il existe
Un germe de l'amour, tu dois bien le penser.

De larmes j'héritai d'une épouse si tendre,
Car, ne voulant faillir ni parjure me rendre,
Tout bien et tout espoir m'enleva son trépas.

Mais toi, vois maintenant dans ce grand pêle-mêle
Ce qui peut te frapper. Pour une histoire telle
Le jour ne suffirait ; le temps presse ses pas. »

Comme neige au soleil mon cœur était sensible,
Et triste je pensais au peu de temps loisible
Qu'avaient eu ces amants pour jouir de leurs feux,

Quand j'ouïs une voix dire sur mon passage :
« Tous les siens, je les voue à ma haine, à ma rage ;
Mais pourtant celui-ci ne peut m'être odieux.

— Sophonisbe, lui dis-je, apaise tes alarmes ;
Ta Carthage tomba par trois fois sous nos armes.
Depuis le dernier coup sur le sol elle gît.

— Mais voudrais-tu, dit-elle, autre chose me dire ?
Votre histoire m'apprend (daigne donc la relire)
Que l'Afrique en pleura, mais que Rome n'en rit. »

A ces mots, Scipion et son ami sourirent,
Et tous les deux ensemble avec elle se mirent
Dans la foule, et bientôt je les vis s'éclipser.

Comme le voyageur qui de son chemin doute,
S'arrête à chaque pas, il regarde, il écoute,
Et rend sa course lente à force de penser,

Ainsi rendait ma marche incertaine et tardive
La foule des amants, tant ma joie était vive
D'apprendre combien longs et grands furent leurs feux.

A main gauche je vis un amant hors la voie,
Comme celui qui cherche et trouve, puis de joie
Paraît tout à la fois rayonnant et honteux,

Faisant don à son fils d'une épouse chérie
(O comble de l'amour ! ô rare courtoisie !),
Tellement que joyeuse et triste au même instant

Elle semblait du change, et ces trois nobles âmes
Marchaient s'entretenant de leurs bien douces flammes,
L'empire de Syrie ensemble regrettant.

Ces ombres j'accostai, qui me paraissaient prêtes
A changer de chemin pour être moins distraites.
A l'une alors je dis : « Daigne m'attendre là. »

Elle, au son qu'elle entend de ma langue latine,
Je la vois se troubler, pensant qu'elle devine
L'objet de mes désirs, puis ainsi me parla :

« Moi, je suis Séleucus ; voilà mon fils qu'on nomme
Antiochus, qui fit la guerre contre Rome ;
Mais le droit, que peut-il en face du plus fort ?

Son épouse tu vois qui fut d'abord la mienne :
Par notre libre arbitre elle devint la sienne,
Pour parer au danger d'une amoureuse mort.

Stratonice est son nom ; à nous trois l'existence,
Tu vois, est indivise, et telle est la puissance
De l'amour qu'il nous tient tous trois unis comme un.

D'abandonner son trône elle parut ravie,
Moi mes affections, Antiochus la vie,
Voulant nous surpasser pour le bonheur commun.

Et si d'un médecin l'adresse intelligente
N'eût trouvé le motif de sa perte imminente,
Il eût quitté la vie à la fleur de ses jours,

Par l'amour en silence usant son existence.
L'amour fut un besoin, vertu fut son silence ;
Mon cœur sensible, seul, lui fut d'un grand secours. »

Il dit, et, ressemblant à l'homme qui peut-être
Se repent, je vis l'ombre aussitôt disparaître,
Et pas même un salut sa fuite ne permit,

Après que j'eus cessé de le voir, de l'entendre,
Je poussais des soupirs sans pouvoir m'en défendre,
Tellement je pensais à ce qu'il m'avait dit,

Quand j'entendis ces mots : « Trop t'arrête un seul groupe,
Si diverse et profonde est devant toi la troupe,
Et tu sais que le temps chemine à pas si grands ! »

Xerxès n'eut une armée aussi nombreuse en Grèce ;
A tel point s'étendait cette onduleuse presse
Des amants là tout nus et prisonniers errants.

Tant de pays divers les virent jadis naître
Que j'en pus un sur mille à peine reconnaître.
Une histoire on ferait du peu que j'entendis.

Persée était l'un d'eux. Aussitôt j'eus envie
De savoir comment put lui plaire, en Éthiopie,
Andromède aux cheveux d'un si noir coloris.

Puis venait cet amant si vain[1] qui, fou d'ivresse
Pour sa propre beauté, fit tant que sa richesse
Si grande le rendit pauvre et causa sa mort.

En fleur il fut changé jamais fructifiante,
Et celle[2] qu'il aimait, en une voix vivante,
Et son corps en un roc d'où nulle humeur ne sort.

Là j'aperçus Iphis, peu chagrin de sa peine,
Plein d'amour pour autrui, n'ayant pour lui que haine,
Et bien d'autres voués à semblable tourment.

Ils préférèrent tous l'amour à l'existence.
J'en notai quelques-uns de moderne naissance ;
Nul profit ne viendrait de leur dénombrement.

Et ces deux dont l'Amour unit tant le ménage,
Alcyone et Céyx, qui leurs nids au rivage
De la mer déposaient aux temps moins rigoureux.

---

1. Narcisse. — 2. La nymphe Écho.

Ésacus, tout pensif et triste, était tout proche,
Appelant Hespérie, assis sur une roche,
Et parfois sous les eaux ou planant dans les cieux.

Et je vis de Nisus la si cruelle fille
S'envoler; et je vis courir d'un pas agile
Atalante, qui dut sa défaite à Vénus;

Et près d'elle Hippomène : il rayonnait de gloire
D'avoir seul remporté la fameuse victoire
Parmi tant de rivaux et d'amoureux confus.

Au nombre des amants de fictive lignée,
Sur le doux sein d'Acis Galatée inclinée
Je vis, et d'un tel fait Polyphème en fureur.

Glaucus se démêlait dans cette foule immense,
Cherchant celle[1] qu'il eut toujours en préférence,
L'autre amante nommant barbare et sans pudeur.

Carmentis et Picus, l'un de nos vieux monarques,
Bel oiseau maintenant, qui ses royales marques
Et son nom d'elle[2] tient qui le fit tant changer.

Égérie dans les pleurs; Scylla qui sa nature
Humaine vit changée en une roche dure,
Des flots siciliens le plus traître danger.

---

1. Scylla, fille du roi Phorcus. — 2. Circé.

Celle[1] qui de sa main droite tenait la plume,
Comme désespérée et pleine d'amertume,
Et de l'autre le fer prêt à donner la mort.

Je vis Pygmalion et son chef-d'œuvre en vie,
Et mille autres chantés sur l'un et l'autre bord
Des eaux de l'Aganippe ou bien de Castalie;
Cydippe prise enfin par une pomme d'or.

---

1. Canacé, fille d'Éole.

CHAPITRE III

Era sì pieno il cor di maraviglie

Il signale d'abord deux obstacles qui l'empêchaient de s'informer des noms d'une autre foule d'amants, et comment son ami lui en fit connaître le détail ; il raconte ensuite comment et de qui il devint lui-même amoureux, et quels furent les résultats de son amour ; il expose comment Laure n'était pas amoureuse, et quelles étaient ses beautés ; enfin il détaille ce qu'il a appris par expérience sur la vie des amants.

Mon cœur était si plein de toutes ces merveilles
Que je n'osais parler, ni croire mes oreilles,
Ressemblant à celui qui des conseils attend,

Quand mon ami me dit : « Parle, le temps s'écoule,
Et je dois, tu le sais, marcher avec la foule ;
Il ne m'est point permis de m'en écarter tant.

— Frère, dis-je à mon tour, tu sais ce que je pense :
Je voudrais tout savoir, et lentement j'avance !
La cause du retard, c'est mon pressant désir.

— Je l'avais deviné quand ta bouche était close,
Dit-il, et tu sauras, si rien ne s'interpose,
Quels sont encor ceux-là, pour te faire plaisir.

Ce grand chef, c'est Pompée, on le trouve si digne !
Cornélie est tout près, qui se plaint et s'indigne
Que Ptolème se soit conduit si lâchement.

Plus loin Agamemnon, lui que la Grèce honore ;
L'amour de Clytemnestre et d'Égisthe il ignore :
Que l'amour est aveugle ! Est-ce clair maintenant ?

Avec la foi l'amour change : vois Hypermnestre ;
Léandre dans la mer, Héro près la fenêtre ;
Vois Thisbé, vois Pyrame à l'abri du mûrier.

Cette ombre si pensive et douce, c'est Ulysse :
Circé le tient près d'elle au gré de son caprice,
Quand sa femme s'épuise à l'attendre et prier.

Vois le fils d'Amilcar, qui durant tant d'années
Sut braver des Romains les forces combinées ;
En Pouille une fillette à ses pieds l'enchaîna.

Cette autre que tu vois, à courte chevelure[1],
Qui pour plaire endossa la servile parure,
Et qui suit Mithridate, au Pont jadis régna.

Porcie[2] est là : ni fer, ni feu ne craint son âme ;
Julie aussi, pleurant que pour une autre femme
Plus ardent et zélé se montre son époux.

---

1. Hypsicratée. — 2. Porcie, femme de Brutus.

Regarde donc Jacob trompé par son beau-père :
Loin de se repentir d'avoir pu satisfaire
Quatorze ans pour Rachel, il est fier et jaloux.

Que l'amour est vivace ! il croît dans le martyre !
Le père de Jacob et son aïeul admire,
Quittant avec Sarah sa contrée et son seuil.

Vois donc comment l'amour pervers et délétère
Triompha de David, coupable d'adultère :
Plus tard il l'expia dans les pleurs et le deuil.

Le renom de son fils, si grand par la sagesse,
S'obscurcit au contact de l'amoureuse ivresse :
Il méconnut de Dieu les salutaires feux.

Vois Amnon qui tant aime et qui sitôt dédaigne,
Et Thamar qui supplie Absalon pour qu'il daigne
La venger d'un amant parjure, incestueux.

Non loin d'elle tu vois Samson, dont la prudence
Est loin de sa vigueur : vois-le sans méfiance
Mollement étendu sur un sein ennemi.

Parmi combien de gens aux lances frémissantes
La veuve[1] au beau parler, aux grâces séduisantes,
A l'aide du sommeil, l'amour l'aidant aussi,

---

1. Judith

Fit mourir Holopherne, et vite, et triomphante,
Portant l'horrible chef, seule avec sa servante,
Rendant grâce au Très-Haut, s'échappa vers minuit.

Regarde donc Sichem, ce fourbe dont la veine
Du sang des circoncis et de la mort est pleine ;
A son père, à son peuple, un même poison nuit.

Tel est l'effet subit d'une trop vive flamme.
Vois donc Assuérus, et comment il réclame
A son maître, l'Amour, sa propre guérison.

D'un lien il échappe et dans un autre il passe,
Comme le clou d'un ais par le clou se déchasse :
C'est l'unique remède à si cruel poison.

Veux-tu voir un cœur gai, puis que l'ennui corrode,
Heureux et mécontent ? vois le cruel Hérode,
Esclave de la rage, esclave de l'amour.

Comme il brûle d'abord, et puis comme il se ronge
Quand, trop tard repentant, à sa rudesse il songe,
Marianne il appelle, et son cœur reste sourd.

Ces dames que tu vois toutes les trois si belles,
Et qui dans leur amour sont constamment fidèles,
Ont noms Déidamie, Arthémise, Procris.

Ces trois autres au cœur ont une telle honte
Que la rougeur au front sans cesse leur remonte :
C'est l'infâme Myrrha, Byblis, Sémiramis.

Ceux-ci sont des romans le sujet ordinaire,
Qui plurent tellement à l'ignorant vulgaire,
C'est Lancelot, Tristan, tous chevaliers errants.

Vois Isotte et Ginèvre, et des amants la troupe ;
Vois les deux Rimini : comme il pleure, ce groupe !
Comme l'air retentit de ses cris déchirants ! »

Ainsi parlait mon guide, et mon âme tremblante,
Comme l'âme qui sait la tempête imminente,
Sentait déjà le mal qui causait son émoi.

Et j'étais comme un spectre échappé de la tombe,
Quand une jeune femme, égalant la colombe
La plus belle en blancheur, apparut près de moi.

J'en fus bientôt épris, et moi qui, je le jure,
Aurais bravé tout homme et sa plus forte armure,
Je me sentis lié par son geste et sa voix.

Alors (et ma mémoire ici je crois fidèle),
Pour rendre ma souffrance encore plus cruelle,
Je vis mon ami rire et, près de moi venant,

Il me dit à l'oreille : « A présent, sans mystère,
Tu peux parler à tous comme il pourra te plaire :
Ton sort est bien pareil au nôtre maintenant. »

Et mon mal, quoique grand et quoique très-pénible,
Me déplaisait bien moins que l'état si paisible
Et libre de l'auteur de ma captivité.

Mais comme, hélas ! j'en fis trop tard la découverte,
A l'envie, à l'amour, mon âme était ouverte,
Pressentant que ma mort viendrait de sa beauté.

Mes yeux étaient toujours fixés sur son visage,
Imitant le malade avide du breuvage
Dont le goût est flatteur, mais l'effet malfaisant.

J'étais aveugle et sourd pour toutes les délices,
Bravant tous les dangers pour suivre ses caprices.
D'y penser seulement mon trouble est incessant.

Depuis, les yeux mouillés et baissés vers la terre,
Le cœur plein de soucis, je parcours solitaire
Les fleuves, les vallons, les monts et les forêts.

Depuis, tant de papier sans cesse je griffonne;
Tant j'en déchire aussi, tant sitôt j'en sillonne
D'encre, de mes pensers, de larmes, de regrets.

Aussi je sais depuis ce qu'on fait dans l'enceinte
De l'Amour : on y vit d'espérance et de crainte ;
Celui qui voit mon front l'a bientôt aperçu.

Si belle je la vois, pleine d'indifférence,
Ne prenant nul souci de moi, de ma souffrance,
Fière de ses vertus et de m'avoir vaincu !

D'autre part, et je crois la vérité bien dire,
Ce seigneur qui soumet tout homme à son empire
La craint, et mon espoir je perds complétement.

Je n'ai pour résister la force ni l'adresse,
Car celui qui faisait mon espoir la caresse
Et se plaît à traiter tous autres durement.

Nul mortel ne pourrait jamais triompher d'elle,
Car elle est si sauvage et constamment rebelle
A l'amour, dont son cœur ne saurait être épris.

C'est vraiment un soleil au milieu des planètes,
Et sa charmante voix, ses paroles honnêtes,
Son unique maintien, ses dédains et ses ris,

Sa belle chevelure ondoyante et dorée,
Ses yeux étincelants d'une flamme adorée,
M'embrasent tellement que j'en brûle content.

Qui pourrait exprimer ses célestes manières ?
Je n'en ai le pouvoir, je n'en ai les lumières,
Tel lustre a sa vertu, tant il est éclatant !

De pareilles beautés n'étaient encor connues,
Et peuvent seulement une fois être vues ;
A vouloir les prôner vain serait tout effort.

Si libre je la vois, quand je porte sa chaîne,
De tant de fois sur mille une elle écoute à peine,
Quand nuit et jour je prie. O bien injuste sort !

Dure loi de l'amour ! Et je dois, quoique inique,
La suivre et la subir, car je la sais antique,
Sur terre universelle, et qu'elle vient des cieux.

Je sais comment mon cœur d'être à soi souvent cesse,
Comment dans la souffrance il cache sa détresse,
Et comment mes jours sont ou tristes ou joyeux.

Comment le sang s'enfuit et revient je n'ignore,
Qui colore mon front et qui le décolore,
Si la honte parfois ou la peur le poursuit.

Je sais comment l'aspic sous le gazon sommeille,
Et comment dans le doute on s'endort ou l'on veille,
Et comment sans languir on meurt ou l'on languit.

Je sais chercher les pas de ma douce ennemie,
Craignant de la trouver, et par quelle magie
L'amoureux se transforme en l'objet adoré.

Et dans mes longs soupirs, dans ma courte allégresse,
De changer de couleur, de désirs, je ne cesse,
Et je vis, quand mon cœur de l'âme est séparé.

Je sais cent fois par jour m'illusionner moi-même ;
Je sais, suivant partout cette flamme que j'aime,
Sentir de près la glace et de bien loin l'ardeur.

Je sais comment l'amour dans mon âme domine,
Et comment la raison vite il en élimine,
Par combien de moyens s'anéantit mon cœur.

Je sais combien facile et prompte est la capture
D'un cœur sans artifice, aimant de sa nature,
Qui se présente seul quand nul ne le défend.

Des flèches de l'Amour je connais la vitesse,
Ses menaces je sais, je sais comment il blesse,
Comment par violence ou par ruse il surprend,

Combien sont ses faveurs et ses plaisirs mobiles,
Et comment sont toujours ses promesses futiles,
Comment l'espoir douteux et le deuil sûr il rend ;

Comment au sein des os couve sa flamme ardente,
Et comment vit la plaie en mes veines latente
D'où part mon incendie, où naît mon coup mortel ;

Je n'ignore en un mot combien vague est la vie
Des amants, et qu'elle est anxieuse ou hardie,
Que bien peu de douceur calme beaucoup de fiel.

Je connais leurs soupirs, leurs chants, leur existence,
Leurs discours saccadés et leur brusque silence,
Leur sourire si bref, leurs si longues douleurs,
Et combien l'amertume altère ses douceurs.

CHAPITRE IV

Poscia che mia fortuna in forza altrui.

Il dit qu'aussitôt qu'il devint amoureux il fut promptement familiarisé avec tous ses compagnons d'amour, dont il connut et les peines et les aventures ; qu'il vit plusieurs poëtes amoureux de différents pays, et, saisissant l'occasion favorable, il déplore la mort de Thomas de Messine, fait l'éloge de Lélius et de Socrate, ses grands amis ; puis, reprenant son sujet, il raconte par quelles voies et en quel lieu lui et ses compagnons de captivité furent conduits en triomphe.

Aussitôt que l'Amour m'eut pris en sa puissance,
Poussé par mon destin, perdant la jouissance
De mon propre vouloir et de ma liberté,

Moi, plus sauvage avant que la daine légère,
Je fus vite lié d'amitié familière
Avec les compagnons de ma captivité.

Leurs fatigues je vis, leurs peines, leur tristesse,
Par quel tortus sentiers, puis avec quelle adresse
Ils s'étaient vus conduits aux amoureux troupeaux.

Et pendant qu'en tout sens je promenais ma vue,
Cherchant à découvrir quelque gloire connue
Par de nobles écrits, antiques ou nouveaux,

Je vis celui par qui fut Eurydice aimée,
Qui de sa langue morte encor l'a réclamée,
Quand vivant, pour la voir, l'enfer il visita.

Alcée aussi je vis, le poëte érotique ;
Pindare, Anacréon, dont la pensée unique
Fut toujours pour l'amour, que sa muse chanta.

Je reconnus Virgile, et non loin de ses traces
Des esprits distingués par le talent, les grâces,
Qui du monde ont conquis la haute affection.

C'était d'abord Ovide et près de lui Tibulle ;
Properce les suivait, puis ensuite Catulle,
Qui chantèrent l'amour, même avec passion ;

Et l'on voyait près d'eux, qui s'avançaient en tête,
La jeune Grecque[1] égale au plus noble poëte :
Son style était paré des plus rares atours.

En parcourant ainsi dans tous sens la prairie,
Je vis sur une plage ombragée et fleurie
Des groupes qui marchaient parlant de leurs amours.

Le Dante et Béatrix, et Cino de Pistoie ;
Près de lui Selvagie, et sur la même voie
Guy d'Arezzo, fâché de n'être aux premiers rangs.

---

1. Sapho.

Les deux Guide étaient là, par leur savoir si mâles ;
Onesto de Bologne, et là semblaient bien pâles
Tous les Siciliens autrefois les plus grands.

Sennuccio, François, dont l'âme était si bonne,
Tout le monde le sait ; puis venait la colonne
D'étrangers, par la langue et le port différents.

A leur tête marchait Arnauld Daniel, grand maître
En amour, dont les vers encore doivent être
Parmi les plus brillants de son pays comptés.

Puis venaient deux captifs de prise plus facile,
Vidal et Ruggier, et l'Arnauld moins habile ;
Et d'autres que l'on vit à grand'peine domptés.

Je nomme les Rimbault : par l'un d'eux fut prônée
La belle Béatrix, dans le Montferrat née ;
Le vieux Pierre d'Auvergne, et près de lui Giraud ;

Fouquet, qui délaissa Gênes en sa jeunesse
Pour illustrer Marseille, et qui dans sa vieillesse
Changea de mœurs, d'habit[1] pour un dessein plus haut.

Près d'eux Genfroi Rudel, qui la voile et la rame
Prit pour aller mourir ; Guillaume, qui la trame
De ses jours accourcit à force de chanter ;

---

1 Il se fit moine.

Anselme, Ugon, Bernard, Americ, et l'armée
De ceux qui par la langue ont la lutte entamée.
Jamais avec d'autre arme on ne les vit lutter.

Puis je vis (ô douleur!) ceux de notre contrée :
Le bon Thomas, par qui fut Bologne illustrée,
Et dont Messine a vu le funeste trépas.

O plaisir trop fugace! ô malheureuse vie!
Pourquoi donc me fus-tu si promptement ravie,
Toi sans qui je ne sus jamais faire un seul pas?

Où maintenant es-tu, nous si souvent ensemble?
La vie en vérité, qui si belle nous semble,
N'est qu'un rêve d'infirme, une fable, un roman.

J'étais un peu sorti de la route battue,
Quand Lélius s'offrit, puis Socrate[1], à ma vue.
Mais de ces deux je veux parler plus longuement.

Oh! quel couple d'amis! Je n'oserais prétendre
Que je puisse en mes vers ou bien en prose rendre
L'éclat de la vertu de ces deux noms si grands.

Moi comme eux, désireux d'une même conquête,
Nous montions tous les trois et vers le même faîte ;
Mes plus secrets pensers je leur fis transparents,

---

1. Louis de Bois-le-Duc.

Et d'eux (c'est mon espoir et mon désir intime)
Ne sauraient m'isoler ni le temps ni l'abîme :
Cet inhumain départ du trépas seul j'attends.

Avec eux je cueillis le rameau de la gloire
Dont je ceignis mon front, et trop tôt, j'ose croire,
En pensant à l'objet de mes amours constants.

Mais d'elle, qui m'emplit de pensers par coutume,
Tellement sa racine abonde en amertume
Que je n'en ai cueilli ni feuilles ni rameau.

Et quoique à grand regret je me sente contraindre
Parfois à réclamer, je ne puis plus me plaindre,
D'après ce que j'ai vu d'étrangement nouveau.

Ce serait le sujet d'un tragique poëme
De dire comment fut captif celui-là même
Que des sots ont fait dieu, qui se nomme l'Amour.

Mais d'abord je dirai le mal qu'il sut nous faire :
Pour le peindre il faudrait Orphée, ou bien Homère,
Et je dirai combien il souffrit à son tour.

Nous suivîmes le son des ailes empourprées
De ses volants coursiers parmi mille contrées,
Jusqu'aux pays régis par sa mère Vénus ;

Et sans voir ralentir nos peines, ses sévices,
Nous marchions constamment par monts et précipices.
Tous ces pays divers nous étaient inconnus.

Sous le ciel où soupire Égée en sa tristesse,
Gît une île où tout est amour, plaisir, mollesse,
Et jamais on ne vit un site plus flatteur.

Dans son milieu s'élève une verte colline,
Et les parfums et l'eau qui doucement chemine,
Énervent promptement toute mâle vigueur.

Vénus mit en honneur cette belle contrée
Qui lui fut autrefois par les gens consacrée,
Quand le vrai sur la terre était bien ignoré.

Comme il était alors, il est encore infime,
Tant il est peu changé, si peu l'ont en estime
Les bons, quand des pervers ce lieu fut adoré.

C'est là que triompha notre seigneur et maître
De nous et de tous ceux qu'il sut au joug soumettre,
Depuis les mers de l'Inde à celle de Thulé.

Tout est vain dans ses bras, les faveurs mensongères,
Les soucis permanents, les douceurs passagères ;
Il glace en plein été, l'hiver on est brûlé.

L'incertain le précède et la bien courte joie.
Tel on le vit à Rome, et tel il fut à Troie,
Entraînant après lui les chagrins, les douleurs.

En tout sens résonnait cette belle vallée
Du doux chant des oiseaux, et partout émaillée
La rive était au loin des plus vives couleurs.

Des eaux serpentent là dans toute la contrée,
Et l'ardeur du soleil se trouve tempérée
Par d'aimables zéphyrs sur l'ombragé gazon ;

Et des jeux, des plaisirs, la cohorte joyeuse,
Et de bien doux soleils, rendent l'âme amoureuse,
Pendant qu'ailleurs sévit l'hivernale saison.

C'était alors l'époque où revient l'hirondelle,
Où grandissent les jours, où chante Philomèle,
Au fruit de ses amours préparant la maison.

Oh ! combien surprenante est notre destinée !
A l'heure, dans ce lieu et dans cette journée[1]
Qui de nos yeux réclame un plus large tribut,

Celui-là me vainquit que le vulgaire adore,
Et je vis où l'on va quand son feu nous dévore,
A quelle servitude, à quel funeste but.

---

1. Le vendredi saint.

La fausse Opinion se tenait sur les portes ;
Des songes, des erreurs des plus étranges sortes
Voltigeaient tout autour de son char triomphal.

Sur les gradins étaient l'éphémère Espérance
(Car plus on veut monter, beaucoup moins on avance),
La trompeuse Faveur, le Revers moins fatal ;

Là le Repos est las, la Douleur s'y rassure.
Fier est le Déshonneur, la Gloire sombre, obscure ;
La Loyauté sans foi, l'Erreur sans repentir,

La Fureur empressée et la Raison oiseuse ;
Là des prisons étaient à route spacieuse,
Mais bien étroite alors qu'on voulait en sortir ;

Prompte était la descente et roide la montée.
A l'intérieur régnait une vie agitée :
Bien rare était la joie, et le deuil éternel.

Jamais Vulcain ne fut si bruyant, si sauvage,
Ischia, Stromboli, ne furent tant en rage.
Bien peu s'aime qui risque un destin si cruel.

Dans cet étroit cachot je fus dès ma jeunesse
Retenu prisonnier, et comme en la vieillesse
Mes cheveux sur mon front vite devinrent gris

Parfois, en regrettant ma liberté perdue,
L'âme, qu'un grand désir si prompte avait rendue,
S'allégeait en voyant tous les mortels là pris ;

Et je versais des pleurs lorsque dans ces ténèbres
Je voyais tant d'esprits distingués et célèbres,
Comme en trop peu de temps on voit un grand tableau :
Le pied part, mais les yeux voudraient voir de nouveau.

TRIOMPHE DE LA CHASTETÉ

Avec elles et puis quelques bien nobles âmes
Je vis le grand vainqueur des hommes et des femmes
Vaincu, lui qu'on voyait triompher constamment.

CHAPITRE UNIQUE

Quando ad un giogo ed in un tempo quivi

Il commence par se consoler de n'avoir pas été épargné, lui aussi, par l'Amour, en voyant que les dieux mêmes et les hommes les plus célèbres partagèrent le même sort ; il se glorifie ensuite qu'il n'ait pas triomphé de Laure, non parce que l'Amour ne l'a pas voulu, mais plutôt parce qu'il n'a pas pu. Il fait la description de la lutte entre l'Amour et Laure, démontrant sa violence par quelques comparaisons ; il raconte la victoire remportée par Laure sur son ennemi et la confusion de ce dernier ; puis il nomme quelques dames qui assistèrent à son triomphe, et le lieu où elle triompha ; comment Scipion l'accompagna à Rome, au temple de la Chasteté, où elle consacra les dépouilles de sa victoire, donnant en garde l'Amour au Toscan Spurina et à ses compagnons.

Quand sous le même joug, sans nulle différence,
Je vois les dieux vaincus dans leur toute-puissance,
Et des hommes qu'au monde on tient pour demi-dieux,

Soutenu par l'aspect de leur cruel martyre,
Des maux qu'ils ont soufferts ce profit je retire
Que mes douleurs, mes maux, me sont moins odieux.

TRIOMPHE DE LA CHASTETÉ

Quand dans les mêmes lacs je vois que Junon tombe,
Et Didon qui d'amour pour son époux[1] succombe,
Non pour Énée enfin, quoique le bruit soit tel ;

Quand je vois du même arc, du même trait perfide,
Victimes Apollon et Léandre d'Abide,
Le premier qui fut dieu, l'autre simple mortel,

D'avoir été vaincu je ne devrais me plaindre,
Moi jeune et désarmé, qui semblais ne rien craindre.
Et si l'Amour ne fut de ma Laure vainqueur,

Je ne vois là sujet à des peines cruelles ;
Mais, le voyant si triste, et sans plumes ses ailes,
La pitié m'arracha des larmes de douleur.

Plus rugissants ne sont, quand ils se font la guerre,
Deux lions furieux ; le ciel, la mer, la terre,
Moins tremblent par le choc de deux foudres ardents,

Que je ne vis l'Amour avec toutes ses armes
Assaillir celle dont je veux peindre les charmes,
Et qui plus prompte fut que la flamme et les vents.

Et jamais n'ont tant fait retentir l'atmosphère
Charybde ni Scylla quand ils sont en colère,
L'Etna quand furieux Encelade rugit,

---

1. Sichée.

Qu'elle ne retentit quand dans sa folle audace
Il osa défier sa chasteté, sa grâce :
Je tenterais en vain de faire un tel récit.

Et chacun, excité par sa rare surprise,
S'élevait pour mieux voir : l'horreur de l'entreprise
Rendait les spectateurs grandement stupéfaits.

Ce vainqueur qui la lutte avait seul demandée,
A main gauche tenait près l'oreille bandée
La corde de son arc, à main droite les traits.

Non, jamais si léger ne fut à la poursuite
D'un cerf qui son salut recherche dans la fuite
Un jeune léopard sans entraves laissé,

Qui n'eût vu là sa course et plus lente et tardive,
Si promptement l'Amour darda sa flamme vive
Sur ce visage saint dont je suis embrasé.

Et dans moi combattaient l'amour avec l'envie,
Lorsque mon adorable et douce compagnie
M'apparaissait si près des portes de la mort.

Mais la vertu, des bons protectrice fidèle,
Montra là que celui qui se sépare d'elle
N'a nul droit de se plaindre, et qu'il aurait grand tort.

Non, jamais combattant ne fut plus prompt et sage
Pour détourner un coup, et jamais du naufrage
Le nocher n'échappa mieux et plus promptement,

Comme on vit une honnête et puissante barrière
S'opposer à l'attaque ardente et meurtrière,
Et couvrir aussitôt son visage charmant.

Comptant voir la victoire à qui l'a de coutume,
Je tenais mon œil fixe en attendant la fin,
Bien résolu d'unir mon sort à son destin ;

Et, semblable à celui qu'un vif désir consume,
Qui porte sur son front et dans ses yeux écrit
Le penser qu'à sa voix de traduire il prescrit,

J'allais dire : « Seigneur, si la victoire est tienne,
Accorde-moi l'honneur de partager sa chaîne,
Et je veux que toujours m'étreignent ces doux nœuds »,

Quand je le vis si plein de dépit et de rage,
Si défait, qu'à le dire échouerait tout langage,
Tant le mien que celui des esprits plus fameux.

Car déjà refroidis par sa chasteté d'âme
Étaient ses dards dorés, allumés à la flamme
D'une aimante beauté, teints dans la volupté.

Camille n'eut jamais une valeur si fière,
Ni celles qui, n'ayant qu'une mamelle entière,
Sur les champs de bataille ont fréquemment lutté.

César n'eut à Pharsale, à l'égard de son gendre,
Cette mâle vigueur qu'elle sut alors prendre
Envers celui qui rit de tout obstacle humain.

Mais ses nobles vertus (glorieuse phalange!)
En armes se pressaient près de ce nouvel ange,
Et marchaient deux par deux en se donnant la main.

Au premier rang étaient la Pudeur, la Décence,
Deux vertus qui du Ciel tiennent leur excellence,
Qui sur toute autre femme élevaient ses destins ;

Près d'elle se pressaient Bon Sens et Modestie,
Puis au sein de son cœur Amitié, Sympathie ;
Gloire et Persévérance occupaient les confins ;

Au dehors on voyait la Grâce, la Sagesse ;
Autour la Pureté, la noble Politesse,
L'Horreur du déshonneur, du beau l'Ambition ;

Les plus sages Pensers dans la jeunesse extrême,
La Chasteté dans elle et la Beauté suprême
(Chose rare) vivaient en parfaite union.

Telle contre l'Amour ma Laure était venue,
Par le Ciel, par des cœurs élevés soutenue,
Qu'à cet aspect il dut bien vite succomber.

Je lui vis arracher des dépouilles fameuses
Par mille, et de ses mains souvent victorieuses
Tant d'éclatants lauriers je vis aussi tomber.

Plus étrange ne fut la fatale défaite
D'Annibal, si souvent ami de la conquête,
Quand de lui triompha le jeune Scipion;

Plus pâle ne parut jadis dans la vallée
La masse du géant sur le sol étalée,
Lui que tant redoutait sa propre nation,

Quand David par sa fronde abattit sa jactance;
Et Cyrus moins sentit la terrible vengeance
De Thomyris pleurant un trépas inhumain.

Comme un homme bien sain qu'un mal subit dévore,
Qui frémit et se plaint, ou comme l'homme encore
Qui cherche à nous cacher la honte avec sa main,

Ainsi pâlit l'Amour, et même davantage;
Car la peur, la douleur, et la honte, et la rage
Étaient sur son visage ensemble au même instant.

La mer ne frémit tant quand elle est en colère,
Ischia quand Typhé pleure et se désespère,
L'Etna par les soupirs d'Encelade haletant.

Grand nombre de hauts faits je passe sous silence :
Pour les conter je sens trop faible ma puissance.
De ma dame parlons, du flot qui la suivait.

Bien blanche était sa robe, et sa main bien armée
Du bouclier[1] dont fut tant Méduse alarmée :
Une colonne en jaspe en ces lieux s'élevait,

A laquelle, au moyen d'une brillante chaîne
Dans le Léthé trempée et faite en diamant,
Dont les femmes usaient, mais non présentement,

Je vis l'Amour lié, soumis à telle peine
Qui suffit pour venger tant d'autres malheureux,
Et moi-même j'en fus satisfait et joyeux.

Je ne saurais chanter les vierges là présentes,
Et même les neuf sœurs y seraient impuissantes,
Malgré tout leur savoir, tant le nombre en est grand.

Quelques-unes pourtant il faut que je signale
Qui reçurent du sort la vertu la plus mâle.
A main droite on voyait Lucrèce au premier rang,

---

1. Bouclier de Pallas, ou bouclier de la Sagesse.

Pénélope au second. Au lutin ces mortelles
Avaient bien arraché les plumes de ses ailes,
Et mis son arc, sa flèche, en pièces, en éclats.

Puis venait Virginie à côté de son père,
Armé du fer vengeur, de dédain, de colère ;
De sa fille et de Rome il changea les états,

Car Rome et Virginie il tira du servage.
Les Tudesques suivaient qui leur vertu sauvage
Gardèrent, préférant les horreurs de la mort ;

Puis la sage Judith, si chaste et courageuse ;
La Grecque[1] qui, toujours de l'honneur soucieuse,
S'élança dans la mer pour fuir un triste sort.

Avec elles ensuite et d'autres nobles âmes
Je vis le grand vainqueur des hommes et des femmes
Vaincu, lui qu'on voyait triompher constamment.

Du nombre était aussi la vestale[2] pieuse
Qui courut vers le Tibre ardente et furieuse,
Et, voulant se laver d'un soupçon infamant,

Transporta l'eau du fleuve avec le crible au temple ;
Puis celle dont on cite en tout livre l'exemple,
Hersilie, au milieu des Sabines parut.

---

1. Ippo. — 2. Tuzia.

Et cette autre je vis, de nation lointaine,
Qui, d'un fidèle amour et de tendresse pleine,
Pour son époux et non pour Énéas mourut.

Tais-toi, peuple ignorant! Didon, je le déclare,
Mourut par un excès de pudeur la plus rare,
Non pour un vain amour, comme veut le dicton.

Et je vis celle enfin qui dans sa prévoyance
Se cloîtra sur l'Arno. Vaine fut sa prudence,
La force déjoua sa bonne intention.

Ce beau triomphe eut lieu sur la plage étrangère,
Et par un doux hiver, sur la droite on prit terre,
Où les flots vers Baia mugissent écumeux.

Et de là par les monts Barbare et de l'Averne
Passant de la sybille au séjour, vers Linterne
Tout droit s'achemina le cortége fameux.

Dans cette résidence étroite et solitaire
Séjournait le grand homme illustre par la guerre
D'Afrique, d'où le nom d'Africain il reçut.

D'un si brillant succès la haute renommée
Y fut comme à mes yeux chaudement acclamée,
Et la plus chaste, là, la plus belle parut.

De suivre ce triomphe il se fit une gloire,
Celui qui, si le vrai nous lisons dans l'histoire,
Naquit pour triompher, et pour régner vécut.

A Rome enfin parvint la noble compagnie,
Au temple consacré jadis par Sulpicie,
Voulant fermer toute âme aux basses passions;

Puis de la Chasteté nous entrâmes au temple,
Où le patricien s'inspire de l'exemple,
Où tout cœur sage apprend les grandes actions.

Là, Laure déploya le pompeux étalage
De son riche butin et du sacré feuillage
Qui de tout temps orna la tête du vainqueur.

Et l'ennemi commun plaça sous la tutelle
Du jeune Spurina, qui sa face si belle
Meurtrit pour dissiper les soupçons et la peur,

Et d'autres gardiens, dont les noms j'ouïs dire
Par ceux qui me suivaient de quelques-uns d'entre eux,
Que l'Amour vainement avait voulu séduire:
Hippolyte et Joseph du nombre étaient tous deux.

TRIOMPHE DE LA MORT

Pourquoi donc, insensés, tant de peine vous faire,
Quand vous retournez tous vers votre antique mère
Et qu'à grand'peine on voit survivre votre nom?
Triomphe de la Mort, ch. 1.

CHAPITRE Ier

Questa leggiadra e gloriosa donna

Dans ce chapitre, Pétrarque raconte le retour, de Rome en Provence, de Laure victorieuse, la rencontre qu'elle fit de la Mort sur sa route, l'entretien de la Mort et de Laure; il fait une digression sur la vanité des choses mondaines, motivée par la mort de hauts personnages qu'il énumère; puis il décrit la mort de Laure, glorifiée alors par les personnes présentes, par la manière dont la Mort lui arracha la vie, par les paroles et les actes des assistants, et par son état souriant après son trépas.

Cette dame jadis glorieuse et charmante,
Dont la vertu parut tellement éclatante,
Qui n'est qu'un pur esprit et poussière à présent,

Joyeuse et triomphante arrivait de la guerre,
Après avoir vaincu le terrible adversaire
Qui par la ruse abat le faible et le puissant;

Pour armes ne portant qu'un séduisant visage,
Des pensers circonspects, un honnête langage,
Un cœur tout de droiture et de pudeur épris.

Mais chacun éprouva la plus vive surprise
De voir l'Amour sans arc, sa flèche en pièces mise,
Ceux qu'il avait tués ou qui vifs étaient pris.

A sa suite marchait la noble compagnie
Des dames qui l'avaient dans la lutte suivie,
Et de lui rendre honneur à l'envi s'empressait.

Leur nombre était petit : la véritable gloire
Si rare est! mais chacune ou d'une belle histoire,
Ou d'un poëme encor, bien digne apparaissait.

De ce groupe vainqueur l'enseigne triomphante
Était, sur un champ vert, une hermine éclatante
Portant un beau collier de topazes et d'or.

Leur démarche était noble et divin leur langage ;
Rien dans elles n'était des humains le partage :
Bienheureux le mortel né pour un si beau sort !

On eût dit un soleil environné d'étoiles
Qui de lui recevaient l'éclat, jamais de voiles,
Et rose et violette enlaçaient leur beau front.

Et, comme l'honneur rend toute belle âme heureuse,
Cette troupe arrivait triomphante et joyeuse,
Lorsqu'un sombre étendard je vis dans l'horizon.

Et voilà qu'une femme en enveloppe noire,
D'un aspect furieux (et je n'oserais croire
Qu'on ait vu son pareil, même au temps des géants),

S'avançant, ainsi dit : « O toi, femme maîtresse,
Fière de ta beauté, fière de ta jeunesse,
Lorsque tu ne connais le terme de tes ans !

« Je suis celle qu'ici parmi vous on appelle
Sourde, aveugle, importune, ennuyeuse et cruelle,
Vous, gens dont l'avenir s'arrête à mi-chemin.

« De mon glaive puissant qui tout rase, extermine,
Je les ai tous conduits moi-même à leur ruine,
Le Grec et le Troyen, et plus tard le Romain,

« Et tant d'autres pays de race moins connue;
Et, quand on était loin d'attendre ma venue,
J'ai réduit à néant leurs rêves enchanteurs.

« Maintenant que la vie est pour vous si sereine,
Je viens à vous avant que la Fortune vienne
Mélanger à son gré le fiel à vos douceurs.

— Tu n'as sur celles-ci ni sur mon existence,
Excepté sur mon corps, nul droit, nulle puissance,
Dit celle qui jamais n'eut d'égale ici-bas.

« Un autre [1] en sentira bien plus que moi la peine ;
Son existence, à lui, découle de la mienne ;
Moi, j'appelle à grands cris l'heure de mon trépas. »

Comme un homme qui fixe une chose inconnue,
Si tout autre il la voit qu'à la première vue,
Il s'avise et dès lors cesse d'être interdit,

Telle parut la Mort ; et, lorsque la cruelle
Eut un instant douté : « Je les connais, dit-elle ;
Je me souviens du jour que ma dent les mordit. »

Puis, calmant tout à coup sa morbide furie :
« Toi, dit-elle, le chef de cette compagnie,
Tu n'as jamais senti mon funeste poison.

« Si mes sages conseils tu voulais bien comprendre
(Je pourrais t'y forcer), sache un bon parti prendre,
De la vieillesse fuis l'ennuyeuse saison,

« Et je peux t'accorder le plus rare avantage,
Qu'à d'autres je ne fais, de quitter cette plage
Terrestre sans douleur, sans le moindre chagrin.

---

1. Pétrarque lui-même.

« Comme Dieu le voudra, qui du ciel nous observe
Et qui dans l'univers tout régit et conserve.
Je suis prête à subir le vulgaire destin. »

Telle fut sa réponse, et voilà qu'un tel nombre
Je vis de morts formant le tableau le plus sombre
Que vers et prose sont à le dire impuissants ;

Et de l'Inde au Cathay, du Maroc à l'Espagne,
Montagnes et vallons, et toute la campagne,
En étaient encombrés par la suite des ans.

Et tous ceux dont on dit si belle l'existence,
Pontifes, empereurs, si grands par la puissance,
Étaient là, pauvres, nus, plongés dans les douleurs.

Que sont donc devenus les trésors et leurs maîtres,
Les pompes, les honneurs, les couronnes, les sceptres,
Les papes, leur tiare et les pourpres couleurs ?

Bien à plaindre est celui qui son espoir confie
Aux objets d'ici-bas ! Mais qui donc ne s'y fie ?
S'il est enfin trompé, c'est à juste raison.

Pourquoi donc, insensés, tant de peine vous faire,
Quand vous retournez tous vers votre antique mère,
Et qu'à grand'peine on voit survivre votre nom ?

Celui donc qui connaît vos projets, qu'il me dise
Si de tous vos soucis même un seul s'utilise,
S'ils ne deviennent tous futiles, mensongers.

Si pour nous notre ardeur devient en maux féconde,
Que sert de subjuguer tous les pays du monde,
D'asservir à nos lois les peuples étrangers ?

Après tant de périls, après tant de conquêtes,
Au prix de tant de peine et de notre sang faites,
Le pain et l'eau pour nous ont une autre valeur,

Et le verre et le bois, que le diamant même.
Mais, d'un sujet si vaste abandonnant le thème,
Il faut que je revienne à mon premier labeur.

L'heure allait donc sonner la mortelle sentence
D'une aussi glorieuse et trop courte existence,
Et le départ qui fait tout homme frissonner.

Là s'était assemblée une autre compagnie
De dames de valeur, ardentes de l'envie
De savoir si la Mort peut parfois pardonner ;

Et chacune restait attentive et paisible
Pour voir et contempler cette fin si terrible
Qu'une fois seulement doit subir tout humain ;

Et toutes, qui l'aimaient d'une amitié parfaite,
Étaient là quand la Mort arracha de sa tête
Ses beaux cheveux dorés, de sa cruelle main.

C'est ainsi que la fleur du monde la plus chère
Non par haine elle prit, mais pour rendre bien claire
Sa puissance ici-bas sur la célébrité.

Que de sanglots alors partirent, que de larmes,
Quand ses yeux, dont j'ai tant préconisé les charmes,
Conservèrent le calme et la sérénité!

Et, dans un si grand deuil de toute l'assistance,
Seule elle était joyeuse et gardait le silence,
Cueillant déjà le fruit d'un passé vertueux.

« Ne crains rien, pars en paix, ô mortelle déesse ! »
Disaient-elles; et, bien qu'elle fût sans tristesse,
La Mort n'abandonna ses droits trop rigoureux.

Fols espoirs des humains, que vous êtes futiles !
Qu'en sera-t-il de nous si tant d'accès fébriles
Elle eût en peu de nuits, si brûlants et si froids?

Si des torrents de pleurs inondèrent la terre,
Par pitié pour cette âme aussi sainte que chère,
Tel qui l'a vu le sait, toi qui m'entends le crois.

Ce fut le six avril, et sur l'heure sixième,
Que je devins captif, et le six avril même
A rompu mes liens. O caprice du sort !

Nul ne craint le trépas, nul d'être serf n'abhorre,
Comme moi d'être libre ici-bas je déplore,
Et de n'avoir été moissonné par la mort.

Mieux valait pour son temps, pour sa belle patrie,
Que j'eusse vu cesser avant elle ma vie,
Et qu'on leur conservât leur plus bel ornement.

Quelle fut la douleur, qui pourrait le comprendre ?
J'ose à peine y penser, je ne saurais le rendre,
A l'aspect d'un si prompt, si triste événement !

« Charme, beauté, vertu, sont de la mort victimes, »
Disaient près de son lit ses compagnes intimes,
Les yeux baignés de pleurs. Que faire désormais ?

Qui pourra voir un air si parfait de noblesse ?
Qui saura donc parler avec tant de sagesse ?
Un tel chant séraphique entendra-t-on jamais ?

En quittant ce beau sein, dans le bel entourage
De ses rares vertus, son âme en son passage
Illumina le ciel et le rendit serein.

Aucun de ces esprits de perverse nature
Ne lui montra jamais sa néfaste figure
Jusqu'au jour où la mort a décrété sa fin.

Sitôt qu'eurent cessé les sanglots et les larmes,
L'excès du désespoir mettant fin aux alarmes,
Chacune contemplait ses traits si gracieux.

Et non comme une flamme avec effort éteinte,
Mais qui s'use elle-même et sans nulle contrainte,
Contente s'envola cette âme dans les cieux,

Telle aussi qu'une douce et brillante lumière,
Brillant jusqu'à la fin de sa vertu première,
Dont l'aliment vital peu à peu disparaît.

Non pâle, mais plus blanche elle était que la neige
Qui sur une colline à l'abri du vent siége...
A la voir, on eût dit qu'elle se reposait.

Et, quand déjà l'esprit était parti loin d'elle,
Ce que nomment les sots la mort et son courroux
Ressemblait dans ses yeux au sommeil le plus doux;
La mort même parut sur son visage belle.

CHAPITRE II

La notte che seguì l'orribil caso

Jusqu'ici Pétrarque raconte un songe dans lequel il a cru voir, comme s'il était éveillé, le triomphe de l'Amour, de la Chasteté et de la Mort, avec toutes les merveilles dont il a fait la description ; maintenant il expose comment, tout en rêvant, il croyait voir Laure le consoler de la vive douleur qu'il a ressentie de sa mort, et s'entretenir ensuite avec lui.

La nuit qui vint après ce trépas si funeste,
Qui porta mon soleil dans l'empire céleste,
Me laissant comme aveugle et les sens désolés,

Répandait dans les airs sa brume printanière,
Qui tant avec l'Aurore ont coutume de faire
Que nos rêves confus cessent d'être voilés,

Quand je vis une jeune et brillante personne,
De perles d'Orient portant une couronne,
Sortir d'un nombreux groupe et vers moi s'avancer,

Et de sa belle main que j'ai tant désirée
(O source pour mon cœur de joie inespérée !)
La mienne, en soupirant, elle vint me presser.

« La reconnais-tu bien, celle qui, si prudente,
Sut t'arracher, dit-elle, à ta perte imminente,
Lorsque ton cœur ardent par toi me fut ouvert? »

Alors, toute pensive et l'air modeste et sage,
Elle me fit près d'elle asseoir sur un rivage
Par l'ombre d'un laurier et d'un hêtre couvert.

« Quoi ! je ne connaîtrais mon aimable déesse !
Lui dis-je en répandant des larmes d'allégresse.
Mais, dis-moi donc, ton être est-il vivant ou mort?

— Je suis vivante, et toi bien mort à la lumière,
Dit-elle, jusqu'au jour où ton heure dernière
Sonnera ton départ de ce terrestre bord.

« Pour tout dire, je crains que le temps ne suffise ;
Modère tes pensers et tes discours précise,
Avant que le jour vienne ; il est, je crois, prochain.

— Mais de mourir, lui dis-je, est-ce une grande peine,
Quand arrive la fin de cette autre sirène
Qu'on appelle la vie, ô toi qui le sais bien?

« Jamais tu ne seras paisible sur la terre,
Dit-elle, si tu suis la route du vulgaire,
Si tu suis son aveugle et fausse opinion.

« Le sage en mourant quitte une prison obscure ;
La mort pour ceux-là seuls est ennuyeuse et dure
Qui de la fange ont fait leur seule passion ;

« Et ma mort, qui te semble aujourd'hui si cruelle,
Te rendrait bien joyeux si la moindre parcelle
Tu pouvais savourer des biens dont je jouis. »

Elle parlait ainsi du ton le plus modeste
Et ses beaux yeux fixés sur la voûte céleste ;
Et quand sa bouche rose elle eut close, je dis :

« Caius, Néron, Sylla, Mesenzius de même,
Font paraître la mort d'une amertume extrême
Par le raffinement de leur instinct cruel.

— Je ne saurais nier que l'ennui qui précède
Le trépas, me dit-elle, amèrement n'obsède ;
Mais on craint plus encor le supplice éternel.

« Que si notre âme en Dieu fonde son espérance,
Et le cœur quand il est trop las de l'existence,
Quoi de plus qu'un soupir sent-on dans le trépas ?

« Déjà je pressentais dans moi ma fin prochaine.
Mon esprit était fort, mais ma chair dans la peine,
Lorsqu'une voix me dit d'un ton lugubre et bas :

« Qu'il est donc malheureux, celui[1] qui ses jours nombre !
« Un seul mille ans lui semble, et sa vie est une ombre,
« De ses maux et de lui bien peu de cas faisant.

« A la chercher[2] partout sans cesse il se consume,
« Et ne change jamais de mode et de coutume,
« D'elle toujours parlant, écrivant et pensant ! »

Moi, tournant aussitôt mon humide prunelle
Vers le lieu d'où partait le son, j'aperçus celle
Qui, ne voulant de moi, tint mon cœur en prison.

Je reconnus sa voix et son charmant visage.
Chaste et belle jadis, maintenant grave et sage,
Elle a fait si souvent ma consolation !

« Et quand plus verte était, dit-elle, ma jeunesse,
Au fort de ma beauté, qui causa ton ivresse,
Et qui provoqua tant de pensers, de discours,

« L'existence pour moi fut d'amertume pleine,
Auprès de cette mort si douce et si sereine
Que de rares mortels connaissent de nos jours !

« Car en mourant j'étais mille fois plus ravie
Que le triste exilé qui revoit sa patrie.
Ma pitié pour ton sort causait mon seul tourment.

---

1. Pétrarque. — 2. Laure.

— Madame, dis-je, hélas! par cette flamme ardente
Que vous dûtes bien voir quand vous étiez vivante,
Que vous voyez du ciel encor plus clairement,

« L'amour fit-il germer jamais dans votre tête
Le penser (mais sans nuire à votre but honnête)
D'avoir pitié de moi, de mes tristes destins ?

« Car vos si doux dédains, et vos douces colères,
Et vos si douces paix, dans vos beaux yeux si claires,
Ont tenu bien des ans mes désirs incertains. »

A peine eut-elle ouï ce que je viens de dire
Que je vis rayonner cet aimable sourire
Qui fut pour mes pensers si sombres un soleil.

« Mes yeux ont modéré ton ardeur trop cruelle,
Mais mon cœur, pour toi-même en soupirant, dit-elle,
Fut et sera toujours d'un dévouement pareil :

« Car, pour nous garantir d'une perte imminente
(La mère qui châtie est-elle moins aimante ?),
Contre ta passion j'ai trouvé ce seul frein.

« Oui, me disais-je, il m'aime, et je dois faire en sorte
D'y pourvoir, car je vois que sa flamme est trop forte;
Mais mal pourvoit celui qui désire et qui craint.

« Tel qui voit le dehors ignore ce qu'on pense
Si le frein du coursier retient l'impatience.
Ainsi, sur toi ce doute eut un effet vainqueur.

« Mille fois dans mes yeux la colère fut peinte,
Mais jamais ma raison ne reçut nulle atteinte,
Alors qu'en moi l'amour embrasait plus mon cœur.

« Et, quand je te voyais vaincu par le martyre,
Tu recevais un doux, un aimable sourire,
Et par là notre honneur et tes jours je sauvais.

« Mais, si ta passion était trop violente,
Timide quelquefois et quelquefois dolente,
Mes saluts de la voix, du front, je t'adressais.

« Tels furent envers toi mes constants artifices :
Tantôt accueil flatteur, et tantôt doux sévices.
Tu le sais, et tes chants le disent fréquemment.

Quand parfois je voyais l'excessive abondance
De tes pleurs : « Il mourra, j'en ai la prescience,
« Me disais-je, s'il n'est secouru promptement. »

« Alors honnêtement je venais à ton aide.
Parfois je me suis dit : « L'amour par trop l'obsède;
« Je dois donc lui serrer plus fortement le frein. »

« Ainsi brûlant et pourpre, ou froid de peur et blême,
Ou bien triste ou content (ma joie en est extrême),
Jusqu'ici, quoique las, je t'ai conduit bien sain.

— Qu'un tel fruit ait produit mon amour, quelle gloire,
Ma dame, j'en prendrais, si je pouvais le croire !
Lui dis-je, tout tremblant et les pleurs dans les yeux.

— Homme de peu de foi ! si je n'étais certaine
De mon dire, à quoi bon que je t'en entretienne ?
Dit-elle (et sur ses traits je crus voir de doux feux).

« Si, quand j'étais sur terre, alors tu sus me plaire,
Là-dessus je me tais ; mais elle me fut chère
La chaîne qui mon cœur doucement comprimait,

« Et j'aime, s'il est vrai, ce renom que me donne
Ton éloquent savoir et qui partout résonne ;
Mais l'amour modéré mon cœur te réclamait.

« En cela tu faillis, car, pour que tes blessures
Je visse constamment (je les savais bien dures),
Tu fis voir tes pensers les plus mystérieux.

« De là vint ma froideur qui semble encor te nuire.
Hors cela, l'unisson, que saurait seul produire
L'amour, mais l'amour pur, régnait entre nous deux.

« Un feu presque semblable embrasa nos deux âmes,
Du moins quand je connus tes amoureuses flammes;
Mais moi je le cachais lorsque tu l'as produit.

« Rauque ta voix était de ta constante plainte,
Quand moi je me taisais, et par honte ou par crainte
Mon amour, quoique grand, paraissait si réduit.

« Le vrai qu'on tient caché ne croît, ne diminue ;
Moindre n'est la douleur quand elle est contenue,
Et plus grande elle n'est, quoiqu'on pleure toujours.

« Mais alors n'as-tu pas bravé toute prudence,
Qu'étant seule avec toi, tu dis en ma présence :
« Dire plus, en chantant, n'oseraient nos amours ? »

« Je te donnai mon cœur, mais vite vers la terre
J'abaissai mes deux yeux : de là vient ta colère,
Quand de tels dons tu tiens pour de moindres perdus.

« Si mille fois je fis ainsi, ton sens n'ignore
Que plus de mille fois et mille fois encore
Doux et compatissants je te les ai rendus.

« Et tu n'aurais jamais vu dures mes prunelles
Si je n'avais tant craint les vives étincelles
Que des tiennes je vis traîtreusement sortir.

« Je dirai même plus, et pour enfin conclure,
Mais de telle façon que ton cœur se rassure
En me l'entendant dire, au moment de partir :

« Vivante j'eus beaucoup de sujets d'allégresse
Une chose pourtant provoqua ma tristesse,
D'être née ici-bas dans un humble séjour.

« Et j'ai tant regretté de n'avoir pris naissance
Plus près de ton beau nid, de ta belle Florence !
Mais, malgré le pays, si grand fut ton amour !

« Car ton cœur aurait pu (lui seul m'a soutenue)
Autre part se fixer, de toi n'étant connue,
Et partant je serais obscure et sans renom.

— Cela ne se pouvait : pour telle destinée
Il est écrit au ciel que mon âme était née,
Lui dis-je, que je fusse en ce pays ou non.

— Tel fut pour moi l'honneur en tout cas, me dit-elle,
Que toujours il me suit ; mais tu ne vois que l'aile
Du temps vite s'enfuit, tant tu parais jouir.

« De son lit tout doré vois se lever l'Aurore,
Qui ramène le jour ; vois le soleil éclore
Et ses feux qui des flots semblent s'épanouir.

« L'Aurore va partir, et j'en suis bien chagrine :
Avec le temps si court tes paroles combine ;
Ce qui te reste à dire, apprends à l'abréger.

— Tout ce que j'ai souffert m'est rendu si léger,
Lui dis-je, par l'attrait de votre voix sensible !
Mais de vivre sans vous il m'est dur et pénible.

« Je voudrais bien savoir, ma dame, si le jour
Où j'irai vous rejoindre au céleste séjour
Est lointain ou bien près ?
     —Longtemps sans moi sur terre,
Dit-elle en s'envolant, tu vivras, si je n'erre. »

TRIOMPHE DE LA RENOMMÉE

Lorsque, tournant mes yeux vers la verte prairie,
Je vis venir vers moi celle qui rend la vie
A l'homme qu'elle arrache au trépas inhumain.
Triomphe de la Renommée, ch. I.

CHAPITRE Ier

Da poi che Morte trionfò nel volto

Continuant le songe dont il a parlé dans le premier chapitre du Triomphe de l'Amour, il dit comment après le départ de la Mort survint la Renommée triomphante; et, faisant la description des personnages fameux qui lui servaient de cortége, il en forme trois groupes : le premier, des Romains qui se sont illustrés soit par les armes ou par toutes autres œuvres, en en exceptant les œuvres littéraires; le second groupe, des étrangers qui se sont distingués par les mêmes voies, en exceptant toujours les belles-lettres; le troisième enfin, des Romains et des étrangers réunis, et renommés dans les belles-lettres. Dans ce chapitre, qui fait suite au Triomphe de la Mort, il place le premier groupe.

Quand la Mort eut détruit cet insigne visage
Qui me tint constamment dans le plus doux servage,
Et qu'au monde elle eut pris son soleil radieux,

La cruelle partit avec son front livide,
Après avoir éteint, dans sa fureur cupide,
L'astre de la beauté qui brillait sous les cieux.

Lorsque, tournant mes yeux vers la verte prairie,
Je vis venir vers moi celle[1] qui rend la vie
A l'homme qu'elle arrache au trépas inhumain ;

Et comme au point du jour vient l'étoile amoureuse
Au-devant du soleil, dont la face est joyeuse
De la voir parcourir avec lui son chemin,

Telle je l'aperçus. D'où viendra donc un maître
Capable de bien peindre et comme il devrait l'être
Ce que je vais moi-même essayer de narrer ?

L'atmosphère ambiante en était si sereine
Que mes yeux supportaient tant d'éclat avec peine,
Malgré le grand désir que j'avais d'admirer.

Sur le front des élus qui marchaient à sa suite
On voyait éclater la valeur, le mérite.
Beaucoup avaient porté les chaînes de l'amour.

A main droite, je vis près de la dame illustre
César et Scipion, tous deux d'un égal lustre.
Qui plus près d'elle était, j'en doute encor ce jour.

L'un fut de la vertu, non de l'amour, servile ;
L'autre, des deux ensemble ; et puis si longue file,
Après un tel début et si brillant, je vis

---

1. La Renommée

De héros, de guerriers de valeur consacrée,
Et comme par la voie ou Lata, soit Sacrée,
Souvent au Capitole il en monta jadis.

Tous par ordre marchaient et comme je l'indique,
Et leur plus brillant nom, d'après la voix publique,
Tout autour de leurs yeux était bien apparent.

Attentif, j'admirais leur causerie auguste,
Leurs faits et leur visage. Octavien Auguste
Et Scipion neveu venaient au second rang.

Auguste n'eut jamais son égal dans nul âge,
Et ceux qui de leurs corps barrèrent le passage
En vain à l'ennemi qui les serrait de près.

Deux pères et trois fils, tous de renom insigne ;
L'un[1] marchait en avant, et des trois le plus digne[2]
Se trouvait le dernier des deux venant après.

Comme un rubis brillait à face bien polie
Celui qui d'un secours si grand pour l'Italie
Fut par le double appui du conseil et des mains,

J'ai nommé Claudius, qui, la nuit en silence
Près du Métaure étant, voulut qu'une semence
Bien vile disparût des bons champs des Romains ;

---

1. Scipion l'Africain. — 2. Scipion Nasica.

Il vit tout et partout avec tant de prestesse!
Puis venait ce vieillard d'une rare sagesse
Qui devant Annibal si bien temporisa;

Un second Fabius, deux Caton, noble paire;
Deux Paul et deux Brutus, Marcellus fils et père,
Et Régulus qui, Rome aimant, se méprisa;

Fabrice et Curius, qui, pauvres, tant aimèrent
Le culte des vertus, quand tant le détestèrent,
Au sein de la richesse, et Crassus et Midas;

Cincinnatus, Serran, dont l'âme fut docile
A leurs bonnes leçons; et puis le grand Camille.
De vivre il fut plutôt que de bien faire las :

Car il reçut du Ciel un si riche partage
De vertu qu'elle sut lui donner le courage
De regagner l'exil, pour d'autres si pesant.

Puis venaient Torquatus, qui son fils au supplice
Préféra condamner que de voir la milice
Sans règle sous ses yeux, sans lois dépérissant;

Décius père et fils, qui l'armée ennemie
Ouvrirent de leur corps, ô féroce énergie!
Qui d'une même mort les fit périr tous deux;

Et près d'eux Curtius, qui, d'un amour semblable
Pour Rome dévoré, d'une voix formidable
Se vouant aux enfers, fit de terribles vœux ;

Et non loin Mummius, Attilius, Levine,
Et le vainqueur des Grecs, le grand Titus Flamine :
Par la force il vainquit, mais plus par sa bonté ;

Et celui qui ceignit le roi de la Syrie
D'un magnanime cercle, et sut par l'énergie
De sa langue et du front dicter sa volonté ;

Celui qui, seul armé, prit du mont la défense
D'où vint sa mort ; celui qui seul fit résistance
Aux Toscans sur le pont par sa rare valeur ;

Celui qui, se ruant sur l'armée étrangère,
Leva le bras en vain : telle en fut sa colère
Qu'il le mit dans le feu sans sentir la douleur ;

Celui qui sur la mer le premier mit en fuite
Carthage, et celui-là qui battit dans la suite
Sa flotte entre les bords sardo-siciliens.

Je connus Appius aux yeux, à sa lignée,
Qui tant des plébéiens la race a chagrinée.
Venait ensuite un grand[1] tant estimé des siens :

---

1. Pompée.

Si sur la fin on n'eût vu sa gloire pâlie,
On l'eût dit le premier. Il fut pour l'Italie
Ce que furent pour Thèbe Alcides et Bacchus.

Mieux vaut moins longtemps vivre, et je vis à la file
Celui qui son surnom[1] tient de sa course agile;
Par lui ceux de son temps s'avouèrent vaincus.

Sous les armes il eut pour tous un cœur de roche,
Quand fut si bienveillant son voisin le plus proche.
Je doute s'il fut chef ou soldat plus parfait.

Puis venait Claudius; de sa fierté maligne
Volumnius, si noble et d'éloges si digne,
Rendit par ses bons soins moins violent l'effet.

Cosso, Filon, Rutile, hors de la foule illustre,
Paraissaient trois soleils par leur éclatant lustre :
Leur arme était brisée et leur corps lacéré ;

Lucius Dentatus, Marcus Serge et puis Scève,
Trois foudres on eût dit, trois écueils par le glaive :
L'un vit par l'un des siens son renom altéré.

Et Marius, par qui fut des Germains détruite
L'armée et de Jugurthe, et celui qui trop vite
La tête des ingrats abattit : c'est Flaccus;

---

1. Papirius Cursor.

Le noble Fulvius, et de cette lignée
Par qui Rome autrefois fut souvent chagrinée,
Tant elle s'agitait, je ne vis qu'un Gracchus;

Et celui qui joyeux et content parut être
(J'ignore s'il le fut: avec peine on pénètre
Le secret obstiné qu'un cœur bien clos défend),

De Métellus je parle, et son fils, et son père,
Qui de la Macédoine, au retour de la guerre,
Et d'Espagne, ont mené leur proie en triomphant.

Vespasien suivait avec son fils[1] le sage,
Mais non Domitien, qui fut cruel, sauvage;
Et Trajan et Nerva, bons princes tous les deux;

Hélius, Adrien, Antonin le Pieux,
Belle succession jusques à Marc-Aurèle,
Qui firent éclater leur bonté naturelle.

Tandis que d'admirer mes yeux étaient ravis,
Romulus et cinq rois ses successeurs je vis;
L'autre rampait sur terre, accablé de tristesse :
Tel sort attend celui qui la vertu délaisse.

---

1. Titus.

CHAPITRE II

Pien d'infinita e nobil maraviglia

Dans ce chapitre il décrit comment, après les Romains dont il vient de parler, sa vue se fixa sur les étrangers; puis il les nomme, les uns avec éloges, les autres avec indifférence.

Stupéfait, ébloui d'une telle merveille,
J'admirais des Romains la race sans pareille :
Jamais peuple ne fut si grand par ses hauts faits.

Joignant à ce tableau les récits de l'histoire,
Où survit des grands noms et du beau la mémoire,
Je sentais mes discours bien loin d'être parfaits,

Quand je vis des héros étrangers. A leur tête
S'avançait Annibal; Achille, qu'un poëte
A chanté dans ses vers dignes de ses exploits ;

Énée avec Hector, Cyrus près de son père,
Philippe avec son fils, illustre dans la guerre,
Qui de l'Inde à Pella triompha tant de fois.

Non loin de là, je vis un second Alexandre,
Qui ne put par ses faits aussi digne se rendre.
Oh ! que le sort grandit ou pâlit nos destins !

Les trois héros thébains[1] composaient un beau groupe ;
Diomède, Ulysse, Ajax, formaient une autre troupe.
Le second voulut voir trop de pays lointains.

Nestor, si vénéré de ceux qui le connurent ;
L'illustre Agamemnon et Ménélas, qui furent
Si grands par leurs exploits, en femmes malheureux.

Je vis Léonidas, qui gaîment le présage
Fit aux siens d'un souper au milieu du carnage,
Et tant se distingua dans les détroits fameux.

Alcibiade je vis qui si souvent Athène,
Par son langage adroit, par sa face sereine,
Sut à son bon plaisir en tous sens manier ;

Miltiade, qui brisa le joug de sa patrie ;
Son fils qui, le voyant mort en prison, sa vie
Offrit pour l'en extraire et se fit prisonnier.

Thémistocle et Thésée étaient dans cette presse,
Aristide, nommé Fabrice de la Grèce :
Chacun d'eux fut banni et ne fut inhumé

---

1. Hercule, Épaminondas, Bacchus.

Au sein de sa patrie, et la conduite ingrate
Des leurs les illustra, car le vrai mieux n'éclate
Qu'après qu'un court délai de temps est périmé.

Phocion de ces trois allait en compagnie,
Lequel, banni comme eux, ailleurs finit sa vie.
Que divers est le prix des œuvres des humains !

Puis, détournant mes pas, je vis Pyrrhus en face,
Massinissa, pour qui c'était une disgrâce
De ne point se trouver avec ses chers Romains

A sa suite, en fixant cette foule confuse,
J'aperçus Hiéron, le roi de Syracuse,
Et plus loin Amilcar, qui semblait en courroux.

Je vis tout nu Crésus, qui la soif importune
De l'or tant ressentit, et combien la fortune
Est changeante et se joue impunément de nous.

Syphax d'un pareil sort était un autre exemple,
Et Brennus, qui tomba lui-même près du temple
De Delphes, quand par lui tant furent terrassés.

Bien diverse elle était, cette troupe, et nombreuse,
Et, quand partout errait ma vue ambitieuse,
J'aperçus dans un site en un groupe amassés

David, qui de construire un temple eut l'espérance,
Voulant que parmi nous Dieu fît sa résidence.
Celui qui le suivait accomplit son dessein.

Salomon, par destin, devait seul l'entreprendre,
Et quand digne de Dieu son cœur il ne sut rendre,
Par lui fut érigé cet édifice saint.

Puis vint celui que Dieu[1] prit tellement en grâce
Que sur le mont il put lui parler face à face,
Ce qui fut à tout autre en tout temps interdit ;

Josué dont la parole eut la rare énergie
D'arrêter le soleil, comme une bête on lie,
Pour que de l'ennemi la trace il ne perdît.

Heureuse foi, qui rend si grande la puissance
De l'homme qui de Dieu cultive la science
Qu'il trouve le Ciel même à ses désirs soumis.

Puis je vis Abraham, qui l'avis salutaire
Reçut d'abandonner sa demeure et sa terre,
Allant où devait naître un rédempteur promis ;

Isaac et Jacob, que l'on voulut surprendre
Dans le choix d'une épouse, et Joseph, qui, si tendre
Pour son père, de lui se trouva séparé ;

---

1. Moïse

Et, regardant au loin par un effort suprême,
Je vis sur les confins de l'horizon extrême
Ezéchias le jeune et Samson égaré ;

Je vis Noé, l'auteur de l'arche glorieuse,
Nemrod qui commença cette tour si fameuse,
Grande source d'erreur, de bassesse et d'orgueil,

Et Judas Machabée. Il eut pour l'observance
Des lois la même ardeur que l'homme qui s'avance
Vers la mort pour défendre ou ses droits ou son seuil.

J'étais à peu près las d'une telle revue,
Lorsqu'un charmant tableau vint s'offrir à ma vue
Et me rendit encor beaucoup plus désireux...

Quelques dames je vis diverses par les charmes :
Antiope, Orita, si belle, et sous les armes ;
Hippolyte pleurant sur son fils malheureux,

Et Ménalippe, autant que sa sœur intrépide :
De là vint pour Persée et pour le grand Alcide
Un tel honneur d'avoir pu les deux conquérir ;

La veuve Thomiris, qui, s'armant de courage
En voyant son fils mort, tua Cyrus de rage,
Et la honte paraît le faire encor mourir :

Car, en voyant finir si mal sa destinée,
D'une nouvelle mort il meurt chaque journée,
Tant ce trépas pâlit sa réputation.

Près d'elle j'aperçus aussi Pentésilée ;
Camille on remarquait dans la même mêlée,
Si dure en Italie aux enfants d'Ilion.

Je vis Sémiramis, la magnanime reine
Qui, pour calmer les siens, la chevelure à peine
En tresses transformée, aussitôt s'envola.

Cléopâtre suivait : d'une flamme honteuse
L'une et l'autre brûla. Mais bien plus soucieuse
De l'honneur, on voyait Zénobie aussi là :

Elle était belle et fraîche, à la fleur de son âge,
Et sa vertu semblait l'ennoblir davantage,
Quand elle était si jeune et son charme si grand ;

Et, quoique femme, elle eut une telle hardiesse,
Qu'avec son beau visage et les cheveux en tresse,
Elle inspira la crainte au peuple conquérant :

De Rome ici je dis, de sa haute puissance
Qui se vit assaillir, Rome dont la vaillance
Finit par l'attacher à son char glorieux.

Si dans mes brefs récits j'en laisse tant dans l'ombre,
Je n'oublierai Judith, à l'audace si sombre,
Qui la tête trancha de son fol amoureux.

Où donc est-il, Ninus, dont l'histoire répète
Si fréquemment le nom ? Et toi qui de la bête
Pris l'instinct ? de Ninus toi le grand successeur ?

Où donc est Bel, qui mort reçut un culte inique,
Non par sa faute ? Où donc l'auteur de l'art magique,
Zoroastre ? il en fut le premier inventeur.

Où donc est-il, le roi des Parthes, Surenate,
Qui nos chefs imprudents au delà de l'Euphrate
Battit, à nos malheurs ajoutant ce revers ?

Où Mithridate est-il, dont l'âme dédaigneuse
Maudit tant les Romains, leur poursuite fougueuse
Évitant par la fuite en tous les temps divers ?

Tant de grands faits je presse en mes récits si minces.
Où donc est-il, Arthur, et les trois nobles princes,
Sévère, Théodose et Charles Lothérien ?

Près ce dernier étaient ses douze[1] à la main forte ;
Puis venait le bon chef Godefroy, sans escorte,
Qui tant se distingua sur le sol syrien ;

---

1. Ses douze paladins.

Mais ce qui tant me fâche et tellement m'indigne,
C'est qu'on garde si mal, de façon si peu digne,
Ce qu'à Jérusalem il fit seul de ses mains.

Allez, méchants chrétiens que l'orgueil tant oppresse,
Détruisez-vous l'un l'autre : et qui donc s'intéresse
Si le tombeau du Christ est dans les mains des chiens ?

Tant de gloire ne fut à nul autre donnée
(Si mon opinion n'est par cas erronée),
Soit dans l'art de la paix ou pour exploits brillants

Et comme les grands sont à la fin d'une escorte,
Celui-là qui nous fit des maux de toute sorte,
Je dis le Sarrasin, était aux derniers rangs.

Puis venaient Norandin, à bien faible distance,
Et le duc de Lancastre : il était pour la France
Un dur voisin naguère, et bien fastidieux.

Et, semblable à celui qui par goût s'étudie,
Cherchant à découvrir quelque figure amie
Que j'aurais pu jadis connaître en d'autres lieux,

J'en vis deux, les derniers de la troupe illustrée,
Enfants de notre siècle et de notre contrée,
Que le trépas, hier, parmi nous moissonna.

L'un était ce bon roi[1] si sage de Sicile,
Qui les hautes vertus, les hauts faits tant prôna ;
Dans le second je vis mon bien cher Colonna,
Grand, magnanime et noble, et d'un cœur si facile.

---

1. Le roi Robert de Naples, son protecteur et ami, qui lui donna son manteau pour aller recevoir la couronne poétique que lui offrait le sénat romain.

CHAPITRE III

Io non sapea da tal vista levarme

Dans ce chapitre, il place ceux qui se sont rendus célèbres par leurs travaux littéraires, qu'ils soient Grecs ou Romains, indistinctement.

Un tel coup d'œil rendait ma prunelle immobile,
Quand on me dit : « Vois donc cette autre longue file,
Car des armes ne vient toute illustration. »

A gauche regardant, je reconnus bien vite
Celui qui de plus près approcha la limite
Qu'on atteint rarement : je veux dire Platon.

Aristote, si grand par son puissant génie ;
Près de lui Pythagore : à la philosophie
Son digne et simple nom il donna le premier.

Socrate et Xénophon, et ce vieillard illustre
Qui de Mycène et Troie et d'Argos fit le lustre,
Que les Muses jadis parurent tant aimer.

Il chanta les exploits et les longues fatigues
De l'intrépide Ulysse, et toutes ses intrigues;
Il fut des faits passés le premier narrateur.

Et l'on voyait tout près de ce chantre d'Ulysse
Le Mantouan[1], qui fut son égal dans la lice,
Et celui qui parut si brillant orateur.

C'est Marcus Tullius qui mit en évidence
Quelles fleurs et quels fruits peut porter l'éloquence.
Ces deux sont les flambeaux de tous nos écrivains.

Tout près de Cicéron s'avançait Démosthène,
Qui d'être au second rang sentait son âme en peine;
Pour tenir le premier ses efforts furent vains.

Comme un foudre il parut embrasant l'atmosphère;
Lui qui si rauque fut près de son grand tonnerre,
Qu'Eschine nous le dise, il dut bien le sentir.

Je ne saurais vraiment dire, quoi que je fasse,
Qui marchait le premier et qui suivait sa trace,
En quels lieux ou bien quand j'ai pu les découvrir.

Et tout en admirant ces merveilles nombreuses,
Tant d'illustrations diverses et fameuses,
Mes pensers et mes yeux étaient déconcertés.

---

1. Virgile.

Je vis Solon, aux lois si pleines de sagesse,
Nuisibles pour celui qui leur culte délaisse,
Et six sages qui sont également vantés.

Je vis Varron, guidant notre race latine :
Plus je veux l'admirer et plus il me domine,
Varron qui parmi nous tient le troisième rang.

Salluste le suivait, et tout près de son ombre
Celui qui le vit tant d'un œil jaloux et sombre,
Je dis le Padouan, Tite-Live le Grand.

Pendant que j'admirais son illustre personne,
J'aperçus son voisin, ce Pline de Vérone,
Qui, si savant, ne sut se garer de la mort ;

Et Plaute, qui comptait que dans la solitude
Il vivrait à l'abri de toute inquiétude,
N'en succomba pas moins à ce funeste sort

Qu'il portait avec lui dans le sein de sa mère :
Bien inutile fut tout soin pour l'y soustraire.
Puis Antoine et Galba, Calvus et Pollion :

Ces deux derniers, poussés par leur haine fougueuse,
Du mensonge invoquant l'astuce insidieuse,
Aux clameurs du public vouèrent Cicéron.

Thucydide je vis, lui qui si bien détaille
Les faits, les temps, les lieux et les champs de bataille,
Puis quel sang les baigna, de quelle nation.

Hérodote je vis, qui des Grecs fit l'histoire;
Le géomètre Euclide, aux grands titres de gloire :
Cercle, carré, triangle, il en fut l'inventeur;

Et celui qui pour nous fut constamment inique,
Porphyre, qui pour mettre en sa dialectique
Le subtil syllogisme eut un rare bonheur,

Contre le vrai luttant avec ses seuls sophismes;
Puis le vieillard de Cos, qui des beaux aphorismes
(Que ne sont-ils compris!) fit les descriptions.

Il marchait précédé d'Apollon, d'Esculape;
Mais leur éclat si faible apparaît qu'il échappe,
Tellement le temps use et fait pâlir les noms.

Galien le suivait, lui qui mit en lumière
L'art gâté de nos jours, qui sut alors tant plaire,
Mais obscur et concis, par lui perfectionné.

Anasarque je vis, plein de mâle vaillance;
Xénocrate si pur, qui par nulle influence
Ne fut de la droiture et du beau détourné;

Archimède fixant son regard sur la terre;
Démocrite, content de sa propre misère,
De la vue et de l'or se montrant dédaigneux ;

Hippias, qui disait sans nulle inquiétude :
« Je sais tout », quand de rien il n'eut la certitude ;
Mais pour Archésilas tout paraissait douteux.

Héraclite je vis, à la parole obscure ;
Diogène, qui fut cynique par nature,
Qui trop peu de respect montra pour la pudeur ;

Et celui qui joyeux revit ses champs incultes,
Qui, craignant du jaloux les traits et les insultes,
Préféra la sagesse à l'or, à la grandeur.

On voyait aussi là l'éloquent Dicéarque,
Quintilien, Sénèque et le docte Plutarque,
Tous divers en science et tous les trois si grands.

Des dialecticiens je vis qui les ténèbres
Répandirent partout, et qui furent célèbres
Bien moins par leur savoir que par leurs différends,

S'entre-choquant entre eux avec la violence
Des lions, des dragons. Pourquoi de sa science
Tout homme paraît-il satisfait maintenant?

Puis venait Carnéade... Oh! quel esprit agile!
A peine on distinguait dans son discours habile
La vérité du faux, par son dire étonnant;

Il mit tout son savoir, ses doctes réparties,
Pendant sa longue vie, à calmer les parties
Que l'ardeur littéraire à la guerre conduit.

Vain fut son bon vouloir, vaine sa tentative :
Car, avec l'art croissant, l'orgueil aussi s'avive,
Puis le savoir ensemble, et le fiel il produit.

Et contre le Seigneur, qui, notre âme immortelle
Décrétant, nous rendit l'espérance si belle,
Épicure s'arma, mais ternit son savoir.

Que l'âme aussi mourait il osa, lui, prétendre ;
Quoique docte, il ne sut de l'erreur se défendre;
Les siens de l'imiter se firent un devoir :

Je signale surtout Métrodore, Aristippe.
Puis sur un large plan je vis faire à Chrysippe
Un tissu bien subtil et d'un art consommé.

Je vis aussi Zénon[1], des stoïciens le père,
Pour rendre sa pensée à tous les yeux bien claire,
Montrer la main ouverte et le poing bien fermé.

Et pour qu'elle apparût encore plus frappante,
On vit de beaux écrits mis au jour par Cléante,
Dirigeant vers le bien l'errante opinion.
Mais d'en dire plus long je n'ai l'intention.

---

1. Pour établir une différence tranchée entre la rhétorique et la dialectique, Zénon employait cette double figure : la main ouverte donnait à comprendre que la rhétorique était large et féconde dans ses conceptions, tandis que le poing fermé indiquait que la dialectique était tout l'opposé.

TRIOMPHE DU TEMPS

> Tout sur terre est soumis au temps, à ses ravages,
> Les fastes, les grandeurs, les pompeux étalages,
> Trônes, sceptres et rois, tout succombe et périt.
> *Triomphe du Temps.*

CHAPITRE UNIQUE

Dell' aureo albergo, con l'Aurora innanzi,

Dans ce Triomphe, pour démontrer que la renommée des hommes est bien éphémère, à cause du Temps, qui la détruit, Pétrarque met en scène le Soleil, qui représente ici le Temps. Il se plaint de la Renommée, et, pour s'en venger et pour la réduire plus tôt au néant, il redouble la promptitude de sa course. De là le poëte croit pouvoir conclure que la vie humaine doit être peu prisée, à cause de sa grande brièveté, et il blâme ceux qui fondent sur elle leurs espérances; en second lieu, il incrimine ceux qui croient vivre éternellement après leur mort par la voix de la Renommée.

Précédé par l'Aurore et plus tôt qu'à son heure
Si vite le Soleil sortait de sa demeure
Qu'on eût dit : Mais comment ! il vient de se coucher !

Quand il fut un peu haut, à l'exemple du sage,
Regardant tout autour, il se tint ce langage :
« D'avoir soin de mes droits je dois me dépêcher.

Que deviendra la loi par le Ciel proclamée,
Si l'homme qui sur terre eut grande renommée
Conserve après sa mort sa gloire et sa splendeur ?

Et si, quand il n'est plus, grandit son excellence,
Qui ne devrait avoir qu'une courte existence,
Je me vois à regret déchu de ma grandeur.

Qu'attends-je ? Un tel échec m'irrite, m'exaspère.
Et qu'ai-je dans le ciel plus que l'homme sur terre,
Quand d'être son égal je serais si content ?

Avec quel soin je peigne, avec quel soin je dresse
Mes quatre beaux coursiers, et combien je les presse !
Le renom d'un mortel me résiste pourtant !

Un affront si cruel rend ma colère extrême :
Si j'étais seulement le second ou troisième,
Faute d'être premier sous la voûte des cieux.

Je dois donc maintenant surexciter mon zèle :
Envieux des mortels je suis, je ne le cèle ;
Qu'ils redoublent mon vol, mes transpors furieux !

Et quand je vis toujours de peines surannées,
J'en vois, de ces mortels, après des mille années,
Bien plus grands qu'ils n'étaient jadis, avant la mort.

Comme elle est aujourd'hui, telle brillait ma sphère,
Avant qu'il existât, l'élément de la terre,
Et nuit et jour je tourne, esclave de mon sort. »

Ayant ainsi parlé, bien plus prompt dans sa voie
Que ne descend du ciel le faucon sur sa proie,
Je le vis s'envoler, de rage frémissant.

Je dis plus : j'eus frayeur d'une vitesse telle ;
A peine le penser pouvait suivre son aile ;
Pour le dire je crois tout langage impuissant.

La vie alors parut à mes yeux plus infime
Qu'elle n'était avant d'un grand prix et sublime,
Tant j'étais confondu par sa vélocité.

Que nous puissions aimer ce que le Temps oppresse,
Qui s'enfuit loin de nous quand plus on le caresse,
J'appelais cela folle et sotte vanité.

Et celui qui ne voit avec insouciance
Son sort doit promptement asseoir son espérance
En un lieu stable et sûr, quand il est temps encor :

Car de pouvoir jamais raconter je n'espère
Comment fuyait le Temps sur son aile légère,
Conduit par le Soleil, qui jamais ne s'endort.

Les roses, les glaçons, je vis régner ensemble
(Peut-être ce récit trop fabuleux vous semble),
Et les chaleurs avec les froids immodérés.

Qui voudra bien peser ce que je viens de dire
Verra que j'ai dit vrai : comment n'ai-je pu lire
De tels faits, que longtemps j'ai moi-même ignorés !

J'ai vécu jusqu'ici d'espérance si frêle,
Et maintenant je puis, dans un miroir fidèle,
Contempler ma personne et mon égarement.

Autant que je le peux, pour ma fin je m'apprête,
Pensant qu'elle est souvent bien prochaine et secrète,
Que j'étais jeune hier et vieux présentement.

Qu'est-elle plus qu'un jour notre existence humaine,
Jour froid et nébuleux qui tant d'ennuis entraîne !
Belle on peut l'entrevoir, mais quelle est sa valeur ?

Tel se repaît de joie, et tel vit d'espérance,
Et quand nul ne connaît son dernier jour d'avance,
L'homme lève sa tête au ciel avec hauteur.

Je vois bien que ma vie à sa fin vite arrive,
Comme aussi pour tout homme, et dans la fuite vive
Du soleil j'entrevois la fin de l'univers.

Persistez, jeunes gens, dans votre folle ivresse,
Car toujours dureront la vie et la jeunesse ;
Moins douloureux pourtant sont les prévus revers !

Je crains qu'ils ne soient vains, mes efforts d'éloquence,
Et vous êtes plongés (c'est ma ferme croyance)
Dans un grave sommeil léthargique et mortel :

Car les heures s'en vont, les mois et les années ;
Et, que ce soit de suite ou dans peu de journées,
Nous devons tous penser au séjour éternel.

Cessez donc de fermer vos cœurs à la lumière,
Et portez un instant vos regards en arrière ;
Amendez vos erreurs quand il est temps encor.

N'attendez point surtout que le trépas arrive,
Comme font la plupart, car (j'en ai la foi vive)
Le flot des insensés va par-dessus le bord.

Alors que j'eus bien vu d'une façon lucide
Le prompt vol du soleil et sa fuite rapide,
Qui tant de maux, d'erreurs, m'a causé constamment,

Une foule je vis, nullement inquiète
Des ravages du Temps, sous l'abri d'un poëte
Ou d'un historien marchant paisiblement.

Ceux-là sont, paraît-il, plus sujets à l'envie,
Qui se sont élevés par leur propre génie,
En s'éloignant toujours de tout chemin tracé.

C'était aussi contre eux que l'astre de lumière
Préparait une attaque ardente et meurtrière,
En reprenant un vol beaucoup plus empressé.

L'orge à ses beaux coursiers double il avait donnée,
Et la reine[1] que j'ai dans mes vers mentionnée
Voulait se séparer de quelques-uns des siens,

Quand j'ouïs dire (à qui, je ne le sais moi-même,
Mais j'écrivis ces mots) : « Sur cette race blême,
Le Temps des flots d'oubli versera de ses mains,

« Par la suite des ans, des siècles et des lustres ;
Et l'on verra combien étaient vains ces illustres,
Puisqu'il ronge et pâlit les gloires, les renoms.

« Combien grand des Troyens et des Grecs fut le nombre
Que l'oubli maintenant recouvre de son ombre,
Et des Romains fameux par l'éclat de leurs noms ?

« Le Temps est aux grands noms à la longue nuisible ;
Pour vous la Renommée est un ciel susceptible
Que le moindre nuage aussitôt assombrit.

« Tout est soumis sur terre au Temps, à ses ravages ;
Les fastes, les grandeurs, les pompeux étalages,
Trônes, sceptres et rois, tout succombe et périt.

---

1. La Renommée.

« Ce qu'il prend aux méchants, aux bons il le dénie ;
Et les œuvres de l'art, de l'esprit, du génie,
Il détruit et les plonge en un oubli profond.

« Sans jamais s'arrêter et sans voir en arrière,
Jusqu'au jour qu'il aura tout réduit en poussière,
Aussi tout dans sa fuite il entraîne et confond.

« Mais puisqu'elle est enfin si fortement assise,
La gloire des humains, je ne suis point surprise
Qu'il faille des efforts plus longs pour l'effacer.

« S'il nous était donné des jours en plus grand nombre,
Nous la verrions bientôt s'éclipser comme une ombre,
Quoi qu'en puissent les gens ou bien dire ou penser. »

Ainsi parla la voix, et, puisque l'on doit croire
L'exacte vérité, l'éclat de notre gloire
Si peu ferme je vis que la neige au soleil.

Et j'aperçus le Temps faisant un tel ravage
Sur vos noms, qu'à mes yeux cessa leur beau mirage ;
Le vulgaire pourtant ignore un sort pareil.

Aveugle qui toujours dans le vide s'amuse,
Qui de leurre et d'erreur se nourrit et s'abuse,
Qui préfère sur terre un long au bref séjour.

Combien sont morts heureux au seuil de la jeunesse,
Et combien malheureux dans l'extrême vieillesse !
« Mieux vaudrait, on l'a dit, ne voir jamais le jour. »

Que la foule, d'erreur tellement affamée,
Compte tant voir durer les noms, leur renommée,
A quoi donc aboutit un si vanté crédit ?

Malgré son vif éclat, le Temps l'use et l'emporte :
Renommée on l'appelle, et c'est une autre mort ;
Rien ne peut éviter ni l'un ni l'autre sort :
De tout le Temps triomphe et grossit son escorte.

TRIOMPHE DE LA DIVINITÉ

> Bienheureux les esprits qui près de la lumière
> Céleste habiteront, et de telle manière
> Que leurs noms brilleront de reflets éternels !
> *Triomphe de la Divinité.*

CHAPITRE UNIQUE

Da poi che sotto 'l ciel cosa non vidi

Dans ce Triomphe, qui devrait être plutôt intitulé : TRIOMPHE DE L'ÉTERNITÉ, Pétrarque, confondu par la caducité de toutes les choses humaines, proteste qu'en Dieu seul il met toute sa confiance. Il démontre la destruction totale du monde présent et l'éternité de celui qui lui succédera ; il se réjouit avec les élus de la gloire de ce nouveau monde, et prend pitié de ceux qui en seront exclus. Il se berce enfin de la douce espérance qu'il sera parmi les premiers, en pensant au grand bonheur qu'il ressentira en voyant Laure dans le ciel.

Quand je vis clairement que rien n'était durable
Sous le ciel, et que rien n'était invulnérable,
« A qui donc me fier ? dis-je, tout interdit.

« Dans le Seigneur, qui seul sait tenir sa promesse
A qui se fie en lui. » Quand je vois si traîtresse
La parole du monde, alors je me suis dit :

« Oui, je le sens, ma vie est et fut toujours folle ;
Je vois le temps qui marche ou plutôt qui s'envole.
Je voudrais bien me plaindre et ne saurais de qui.

« Le coupable, c'est moi ! Que n'ai-je par prudence
Ouvert plus tôt les yeux, sans attendre l'urgence,
Car, à vrai dire, il est un peu tard aujourd'hui.

« Heureusement qu'au ciel il existe un bon Père,
Et j'espère qu'en moi sa grâce salutaire
Peut encore opérer des effets surprenants.

« Et puisque rien n'est stable, alors dis-je en moi-même,
Des choses dont le Ciel est le recteur suprême,
Quelle fin auront-ils, ces changements constants ? »

De ces pensers mon âme était inséparable,
Quand dans une atmosphère éternelle, immuable,
Devant moi je crus voir un monde tout nouveau,

Les étoiles, le ciel, le soleil, disparaître,
Et la mer et la terre, et tout aussitôt naître
Un autre firmament plus brillant et plus beau.

Oh ! que je fus surpris, quand je vis immobile
Celui[1] qu'on avait vu, si constamment agile,
Tout réduire à néant dans son rapide cours !

Lorsque dans un seul tout je vis ses trois parties
S'unissant pour ne plus se revoir départies,
Cessant comme jadis de cheminer toujours !

---

1. Le Temps.

Et, comme en un désert, on n'aura connaissance
Du présent, du passé, qui par leur influence
Rendent la vie amère et dure à soutenir.

Mon penser vite est là, plus prompt que la lumière
Ne traverse le verre; il n'a point de barrière;
Quelle grâce pour moi si je puis obtenir

D'y voir, d'y contempler la Bonté souveraine!
L'amertume en est loin, le temps seul nous l'amène;
On la voit avec lui venir ou s'éloigner!

En ce temps les saisons n'auront plus raison d'être,
Car par leurs changements on voit mourir ou naître
Nos maux, ou bien encor croître ou diminuer.

Bienheureux les esprits qui près de la lumière
Céleste habiteront, et de telle manière
Que leurs noms brilleront de reflets éternels!

Bienheureux est celui qui trouve le passage
Du torrent plein d'écueils si rapide et sauvage
Et qu'on nomme la vie, idole des mortels!

Oh! combien du vulgaire est grande la démence
Qui dans si frêle objet place son espérance,
Que le temps peut détruire et si rapidement!

Oui vraiment, bien aveugle et sourde est votre ivresse,
Tant vous méconnaissez le bon sens, la sagesse,
Si grand et si profond est votre égarement!

Pensez plutôt à Dieu, lui qui tout coordonne,
Qui sur terre à son gré paix ou guerre nous donne,
Et dont la profondeur je ne cherche à savoir ;

Mais combien heureux sont les anges de connaître
La millième part de son admirable être!
Et jamais ils ne sont fatigués de le voir.

Pourquoi tant de désirs, tant d'espérances vaines,
Esprit toujours inquiet, quand ce qui tant de peines
Nous coûte à conquérir si vite périra,

Et ce qui tant occupe et qui notre âme encombre,
Passé, présent, futur, plus promptement qu'une ombre,
Le matin et le soir, tout s'évanouira?

« Il était, il sera », ne pourra plus se dire ;
Mais « il est », et sans cesse on l'entendra redire,
Et dans l'éternité ces temps se confondront.

Combien dans tous les sens crouleront d'éminences
Qui la vue encombraient! Toutes nos espérances
Et tous nos souvenirs ensemble cesseront;

Espoirs et souvenirs, qui tiennent asservies
Nos âmes à tel point qu'un jeu semblent les vies,
Tout en pensant : « Que suis-je, et quel sera mon sort ? »

Les heures et les jours et toutes leurs parcelles
Formeront un seul tout : plus de saisons nouvelles ;
Les lieux seront changés et le temps sera mort.

Les siècles et les ans perdront leur influence
Sur notre renommée : une fois en puissance
Du renom, nous l'aurons pour toujours et sans fin.

Bienheureuse l'âme est qui s'est acheminée
Ou s'acheminera vers cette destinée
Dont je parle à présent, telle qu'elle est enfin !

Bienheureuse surtout celle[1] qui la première
Fut des rares beautés, dont la vive lumière
Fut éteinte trop tôt par la cruelle Mort !

Là se dévoileront les vertus angéliques,
Les pensers, les discours honnêtes et pudiques
Que la nature mit dans son cœur jeune encor.

Les Beautés que le Temps et la Mort ont flétries
Reprendront en ce jour leurs parures fleuries,
Et l'on verra quel nœud, Amour, tu m'as donné.

---

1. Laure.

Et l'on dira de moi par le doigt désigné :
« Il pleura constamment, mais fut, dans sa tristesse,
Plus heureux que tout autre au sein de l'allégresse. »

Et celle qu'en pleurant je chante encor toujours
D'elle-même sera très-grandement surprise,
En voyant que bien plus que toute autre on la prise.

Elle le sait, moi non, quand viendront ces beaux jours ;
De plus sûrs confidents sont dans la haute sphère :
Qui pourrait pénétrer un si profond mystère ?

Je les crois bien prochains ; et du bien et du mal
L'arrêt sera rendu, soit propice ou fatal,
Car tous nos faits seront bien mis en évidence.

On verra combien grande est notre insouciance,
Combien vaines aussi nos peines, nos sueurs :
Chacun alors verra clairement ses erreurs.

Nul secret n'aura plus de résidence obscure ;
Là toute conscience, ou souillée ou bien pure,
Sera pour tous les yeux transparente à la fois.

Le grand Juge à chacun dictant sa destinée,
Chacun vite prendra la route désignée,
Comme fuit l'animal pourchassé dans les bois.

Et l'on verra bien clair que le vain étalage
Des richesses, de l'or, loin d'être un avantage
Pour l'orgueilleux mortel, sont plutôt dangereux.

Puis à part on verra ceux qui, toujours modestes
Et préférant le calme aux pompes si funestes,
Des trésors d'ici-bas furent peu soucieux.

Cinq Triomphes déjà nous avons vus sur terre,
Et nous verrons au ciel ce dernier, je l'espère,
Par la grâce de Dieu, par son consentement.

Et le Temps, qui prend tout dans sa course rapide,
Et la Mort, de ses droits cruellement avide,
Ensemble périront dans le même moment.

Ceux qui d'un grand renom eurent les avantages
Que le Temps a détruits, et les brillants visages
Que le Temps et la Mort ont plongés dans la nuit,

En sortant de l'oubli des retraites obscures,
Retrouveront alors leurs plus belles parures,
Ne laissant à la Mort que ce qui passe et fuit.

Et, dans ce nouveau monde, aux beautés immortelles
Se joindront à l'envi des gloires éternelles ;
Mais bien avant tous ceux qui si beaux renaîtront

Est celle que le monde appelle dans les larmes,
Dont le ciel est jaloux de revoir tous les charmes
Que ma plume et ma voix sans cesse prôneront.

Près d'un fleuve[1] qui sort du grand lac de Genève,
L'amour me fit pour elle une guerre sans trêve ;
Toujours ses souvenirs mon cœur assiégeront.

Qu'il est heureux le roc qui son visage enserre !
Et si je fus joyeux de l'admirer sur terre,
Combien donc le serai-je en la voyant au ciel,
Portant comme jadis son beau voile[2] mortel !

---

1. Le Rhône. — 2. Son beau corps.

QUATRIÈME PARTIE

SONNETS ET CANZONES

SUR

DES SUJETS DIVERS

SONNET

DE MADAME JUSTINE PERROT, DAME FRANÇAISE
ADRESSÉ EN ITALIEN A PÉTRARQUE

Io vorrei pur drizzar queste mie piume

J'ai cru être agréable au lecteur en reproduisant et en traduisant ce sonnet adressé à notre poëte, qui répondit par le sonnet suivant et sur les mêmes rimes.

Je nourrirais, Seigneur, la noble ambition
De consacrer ma plume au labeur qui m'enflamme,
Et d'être après ma mort encor vivante femme,
Par le puissant effet d'un illustre renom.

Mais le vulgaire, imbu de basse passion,
Qui tout germe de bien a chassé de son âme,
Du doigt me montre aux gens comme digne de blâme
Si j'ose diriger mes pas vers l'Hélicon.

Il veut que le laurier, le myrte, j'abandonne;
Qu'à l'aiguille, au fuseau, je m'applique et m'adonne:
Le poétique honneur pour moi ne serait fait.

Toi qui connais si bien le chemin du Parnasse,
Réponds-moi, noble esprit, que faut-il que je fasse?
Dois-je donc délaisser mon si digne projet?

SONNET I

La gola e'l sonno e l'oziose piume

Adressé à madame Justine Perrot, en réponse au précédent Sonnet.

La débauche du corps, l'oisive passion,
Ont du monde en nos jours toute vertu bannie ;
Aussi notre nature apparaît avilie
Des coutumes, des mœurs par la corruption.

Et l'on ne ressent plus ce sublime rayon
Du feu sacré qui seul illumine la vie,
Et l'on montre du doigt, en signe d'ironie,
Celui qui veut monter aux sources d'Hélicon.

Qui donc aime le myrte, ou le laurier, sur terre ?
Philosophe, ton lot est nudité, misère,
Disent ceux qui du vil sont les humbles sujets.

Oui, bien peu te suivront dans la route savante ;
Aussi, je t'en conjure, âme noble et charmante,
Poursuis avec ardeur tes valeureux projets.

SONNET II

Gloriosa Colonna, in cui s' appoggia

Adressé à Étienne Colonna le vieux, qui avait déjà habité Avignon et qui s'en éloignait. Il fait allusion à une persécution exercée par Boniface VIII contre la famille Colonna.

Glorieuse Colonne, ô toi soutien puissant
De l'espoir de tout homme à l'âme italienne,
Que n'ont pu détourner de la route bien saine
Ni Jupin en courroux, ni le vent mugissant;

Ici point de palais, de luxe éblouissant,
Mais des pins, des sapins en leur place, ou le frêne,
Sur l'herbe et sur ces monts à la cime hautaine
Où je monte et descends tout en poétisant,

Élèvent notre esprit vers la cité divine;
Et puis le rossignol, qui pleure et se chagrine
Durant toutes les nuits, par ses chants langoureux

Fait naître dans nos cœurs des pensers amoureux.
Ton seul départ, Seigneur, ta regrettable absence,
Troublent notre bonheur et notre jouissance.

SONNET III

Se l' onorata fronde, che prescrive

Réponse à Stramazzo, de Pérouse, qui l'engage à poétiser.

Si l'honoré laurier, qui semble défier
La colère du ciel lorsque Jupiter tonne,
Ne m'avait refusé l'honorable couronne
Attribut de celui qui sait poétiser,

Les Muses en ce temps j'aimais à cultiver,
Que le siècle aujourd'hui lâchement abandonne :
Mais cet affront bien loin me pousse et m'éperonne
De celle qui d'abord fit naître l'olivier.

Plus bouillonnant n'est pas sur sa brûlante plage
Le sable éthiopien, que n'est vive ma rage
En perdant cet honneur, dont j'étais envieux.

Cherchez donc une source à vos vœux plus docile,
Car la mienne à présent nulle humeur ne distille,
Hors celle qu'en pleurant déversent mes deux yeux

SONNET IV

Amor piangeva, ed io con lui talvolta

Ce sonnet, adressé par Pétrarque à son ami Boccace, qu'il félicite d'avoir renoncé à la vie amoureuse, a été interprété par un traducteur lauréat dans un sens tout à fait inverse. Ce qui prouve son erreur, c'est le sonnet qui vient après, adressé au même Boccace, et qui confirme pleinement mon interprétation.

Aux grands pleurs de l'amour j'ai parfois joint les miens
(L'amour que j'ai suivi si longtemps et sans cesse),
En voyant que votre âme a, grâce à la rudesse
De ses efforts, brisé ses nœuds et ses liens.

Présentement j'élève et mon cœur et mes mains
Vers Dieu, qui la dirige où règne la sagesse ;
Et j'aime à la bénir, sa bonté qui s'empresse
D'ouïr les justes vœux des malheureux humains.

Que si pour revenir à la vie amoureuse,
Pour étouffer dans vous vos passionnés désirs,
Vous avez rencontré de nombreux déplaisirs,

C'est pour que vous sachiez combien est épineuse
La voie (et combien grande est sa rapidité)
Qui mène au vrai séjour de la félicité.

SONNET V

Più di me lieta non si vede a terra

Il se réjouit que Boccace ait abandonné sa vie licencieuse.

Mon plaisir est plus vif que celui d'un vaisseau
Qui rentre dans le port en fuyant la tempête,
Quand ses gens effarés, levant au ciel la tête,
Se jettent à genoux pour bénir le Très-Haut ;

Le bonheur du captif qu'on arrache au bourreau
N'est certes pas plus grand que n'est grande ma fête
Quand ce glaive, qui tant la guerre vous a faite,
Vous donne enfin la paix et rentre en son fourreau.

O vous qui l'art d'aimer célébrez dans vos rimes,
Applaudissez l'auteur d'œuvres aussi sublimes
Sur l'Amour, et qu'avaient égaré ses effets :

Car l'arrivée au ciel d'une âme convertie
Apporte plus de gloire, on l'aime, on l'apprécie
Plus que nonante-neuf esprits des plus parfaits.

SONNET VI

Il successor di Carlo, che la chioma

Aux nobles Italiens, pour les engager à prendre part à la croisade du pape Jean XXII. L'agneau et les loups dont il est parlé au premier tercet représentent les armoiries de deux nobles familles romaines.

Déjà le souverain qui du grand Charles tient
Par droit d'hérédité la royale couronne,
Est armé pour dompter l'orgueil de Babylone
Et de quiconque l'aime, ou de qui la soutient.

Le vicaire du Christ à son siége revient,
Portant clefs et manteau, tellement que Bologne
Et Rome aussi verront son auguste personne,
Si nul empêchement ses desseins ne prévient.

Votre placide agneau, dans sa vertu sereine,
Terrasse les fiers loups; qu'autant il en advienne
A celui qui néglige un légitime amour.

Aimez-le, car il veille, et Rome qui des larmes
Verse pour son époux absent de son séjour;
De grâce, pour Jésus reprenez donc les armes!

CANZONE I

O aspettata in ciel, beata e bella

A Jacques Colonna, pour qu'il donne son appui à la croisade du roi de France contre les infidèles. Babylone dans cette canzone désigne les infidèles ou les mahométans.

Toi qu'on attend au ciel, âme heureuse et si belle,
Pour qui l'humanité semble un poids si léger,
Qui tout autre paraît tellement surcharger ;
O toi que Dieu chérit pour ton culte fidèle,
Voulant que plus aisé tu trouves le parcours
Qui d'ici-bas nous mène aux célestes séjours,
D'occident est venu une brise féconde
Pour ta barque qui fuit et méprise le monde,
      Bien salutaire secours,
Qui parmi les sentiers de cette vie obscure
Où nous pleurons d'autrui l'erreur et notre tort
Libre la conduira de l'antique souillure,
      Par la route la plus sûre,
Vers le saint orient, où se trouve son port.

Peut-être que les pleurs des mortelles paupières
Et les vœux des humains, leurs dévotes prières,

Sont enfin parvenus aux pieds de l'Éternel;
Peut-être aussi jamais le nombre n'en fut tel,
Et leur valeur ne fut suffisamment puissante
Pour rendre la justice éternelle indulgente;
Mais ce roi bienfaisant qui règne dans les cieux
Vers les lieux saints, où fut en croix son innocence,
  Par grâce tourne ses yeux;
Au cœur du nouveau Charle il souffle la vengeance,
Dont le trop long retard cause notre souffrance;
Dans l'attente, l'Europe attristée en gémit;
Ainsi Dieu vient en aide à son épouse aimée,
  Et de cette renommée
Qui retentit au loin, Babylone frémit.

Quiconque entre les monts réside et la Garonne,
Entre la mer, le Rhin et les rives du Rhône,
Tous suivent du chrétien l'étendard si puissant;
Et ceux à qui sourit l'honneur du vrai mérite,
Des monts pyrénéens à l'extrême limite,
Quitteront l'Aragon, l'Espagne avec élan,
Et les îles qui sont au sein de l'Océan,
Depuis le char de l'Ourse aux colonnes d'Hercule,
  Tous ceux enfin pour qui brûle
Des doctrines du ciel le consolant flambeau,
Tous différents de mœurs, d'armes et de langage,
Se sentent enflammés par un projet si sage.
Quel amour fut jamais et plus digne et plus beau?

Pour quels fils, pour quelles femmes
Un plus juste courroux dut enflammer nos âmes ?

Dans le monde, mais loin du chemin que parcourt
Le soleil, il existe une grande contrée,
Sujette des glaçons, des neiges, de Borée :
Sous ces sombres climats, où le jour est si court,
Vit un peuple pour qui la mort ne paraît dure,
Ennemi de la paix par goût et par nature ;
S'il devient plus dévot qu'on ne le voit toujours,
Et qu'il arme son bras dans sa fureur tudesque,
    Que valent les Chaldéens
Tu verras, et les Turcs, ce peuple barbaresque,
Avec les vrais amis de tous les dieux païens,
Et qui tous en deça de la mer Rouge naissent ;
Peuples peu courageux, bien timides et lents,
    Qui le glaive ne connaissent,
Mais qui lancent leurs traits au caprice des vents.

Le jour est donc venu, je t'en fais le présage,
De secouer le joug de l'antique esclavage ;
Il est temps ou jamais de bien ouvrir nos yeux ;
Et que ton noble esprit, riche présent des cieux,
Par la grâce de Dieu montre ici sa puissance
Et les vaillants effets de sa belle éloquence,
Ou bien par ta parole, ou bien par tes écrits :
Si d'Orphée, d'Amphion les merveilleux récits

Ne provoquent ta surprise,
Plus facile pour toi sera ton entreprise,
D'exciter l'Italie et ses nobles enfants
A s'armer pour Jésus au son de tes accents :
Car, si le vrai sourit à cette antique mère,
Jamais pour aucune guerre
Elle n'eut des motifs plus nobles, plus puissants.

Toi qui, des temps passés en lisant les richesses
Et celles de nos jours, as fait un beau trésor :
Qui, mortel, as su prendre un si sublime essor,
Tu sais bien que depuis les brillantes prouesses
D'Auguste au fils de Mars, par trois fois sur les fronts
On vit le laurier dans Rome triomphante,
Et souvent de son sang la campagne écumante,
Pour venger noblement autrui de ses affronts.
Que n'est-elle ambitieuse
Aujourd'hui, je dis plus, vivement soucieuse
De vouloir réparer les offenses, les torts,
Dont a souffert le Fils glorieux de Marie ?
Qu'espère-t-elle donc, cette foule ennemie,
De tous ses humains efforts,
Si le Christ avec nous se met de la partie ?

Souviens-toi de Xerxès, de ses faits saisissants,
Et des moyens nouveaux qu'il sut mettre en usage
Pour traverser les mers jusqu'à notre rivage !

Et tu verras en deuil les femmes des Persans
Pleurant de leurs époux la fatale ruine;
Sanglante tu verras la mer de Salamine;
Mais ne crois pas qu'enfin ces revers écrasants
Doivent te faire seuls compter sur la victoire,
  Car une pareille gloire
T'annoncent Maraton et les fameux détroits
Où de Léonidas brillèrent les exploits,
Et mille autres hauts faits dont tu sais l'importance.
Fléchis donc les genoux, et, par reconnaissance,
  Rends à Dieu grâces, honneur,
De t'avoir réservé pour ce rare bonheur.

Tu verras l'Italie et ces rives si chères
Dont mes yeux sont privés, Canzon, non par rivières,
  Ni par mers, ni par les monts,
Mais par l'Amour lui seul, qui de ses beaux rayons
Embrase tant mon cœur, qu'il consume et ravage.
La nature ne peut lutter contre l'usage.
Va donc : avec tes sœurs tu peux bien demeurer,
  Car l'Amour, qui fait pleurer
Et rire, n'a toujours sous bandeau le visage.

SONNET VII

S' amore o morte non dà qualche stroppio

Il veut entreprendre un ouvrage et il prie un ami de lui prêter
les œuvres de saint Augustin.

Si la mort ou l'amour ne viennent brusquement
Interrompre le plan qu'aujourd'hui je commence,
Et si je dompte enfin toute amoureuse instance
Pendant que les deux vrais j'accouple intimement,

Je puis faire un travail de ce double élément,
Des traités de l'antique et moderne science,
Qu'on pourra (néanmoins bien craintif je l'avance)
Jusqu'à Rome en ouïr le retentissement.

Mais quand j'aurais besoin de consulter l'ouvrage
Du grand saint Augustin, si savant et si sage,
Afin que ce travail je puisse exécuter,

Pourquoi ne voudrais-tu, puisque c'est ta coutume,
M'obliger? Daigne donc, ami, me le prêter.
Alors un noble écrit sortira de ma plume.

CANZONE II

Spirto gentil che quelle membra reggi

A Cola di Rienzi, le priant de rendre à Rome son antique splendeur et sa liberté. D'après l'abbé de Sade, cette canzone s'adresserait plutôt à Étienne Colonna fils, quand il était sénateur de Rome, et qui avait déjà remporté une grande victoire sur les Orsini. En général pourtant, et du nombre Voltaire, on pense qu'elle fut adressée au tribun Rienzi. Les aigles, les serpents, les lions, les ours, représentent autant de familles opposées à la faction des Colonna. L'ours était le blason de la famille Orsini, le serpent des Visconti (sixième strophe).

Belle âme qui régis cet édifice humain,
Le terrestre séjour, en son pèlerinage,
D'un seigneur valeureux, si prudent et si sage,
Puisque la verge insigne on a mis dans ta main
Qui sur Rome et les siens te donne la puissance,
Rome à qui tu rendras son antique existence,
Je m'adresse à toi seul, car ailleurs je ne vois
Un rayon de vertu : bien morte je la crois ;
De mal faire ici-bas nul ne ressent la honte ;
Qu'attend-elle toujours ? Dis-moi donc sur quoi compte
L'Italie, insensible à son état fâcheux ?
    Que la voilà lente et vieille !
Ne saurait-on trouver un homme qui l'éveille ?
Que n'ai-je dans mes mains ses vénérés cheveux !

Non, jamais les clameurs dans leur toute-puissance
Ne sauraient dissiper sa dure somnolence,
Tant de l'oppression le poids est écrasant.
C'est donc avec dessein qu'à ton bras agissant,
Qui peut seul l'arracher à sa longue apathie,
Toute direction de Rome est départie.
Saisis-les bien, ses blancs, ses vénérés cheveux,
Et fais que, ressentant tes efforts vigoureux,
La nonchalante échappe à la fange importune.
Pour moi, qui nuit et jour pleure son infortune,
Sur ton unique appui j'ai grandement compté !
       Et si de Mars la cité
Voulait de ses beaux jours voir renaître l'aurore,
C'est toi seul, je le crois, qui peux la faire éclore.

Ces antiques remparts qui sont encore aimés
Dans le monde, et qu'on craint quand vient à la pensée
Le souvenir des faits de sa grandeur passée ;
Et les rochers où sont les membres renfermés
De ceux qui ne seront sans haute renommée,
A moins qu'avant ne soit la terre consumée ;
Et ces nobles débris de l'antique grandeur,
Espèrent par toi seul retrouver leur splendeur.
Quel est votre bonheur d'apprendre dans la tombe
(O vous, grands Scipions, ô fidèle Brutus !)
Qu'à si digne seigneur le tribunat incombe !
      Oh ! comme Fabricius

Avec joie apprendra la fameuse nouvelle !
« Oui, Rome, dira-t-il, tu seras encor belle ! »

Et, s'il est vrai qu'au ciel on pense à nous toujours,
Les âmes qui là-haut ont fixé leurs séjours,
Abandonnant leurs corps à ce terrestre asile,
Te prient d'étouffer la discorde civile
Qui bannit d'ici-bas toute sécurité ;
Aussi des temples saints l'accès est déserté ;
Si fréquentés jadis, ils sont faits par la guerre
L'asile des voleurs, des méchants le repaire,
Et les bons seuls en sont écartés et bannis ;
Puis au pied des autels profanés et honnis
On trame des complots pleins d'orgueil, d'impudence.
   Hélas ! quelle différence !
Et du son de la cloche ils se servent toujours
Qui fut pour louer Dieu placée en haut des tours.

Les femmes dans les pleurs et la foule peureuse
Des tout faibles enfants, les vieillards amaigris,
Maudissant de leurs jours la suite trop nombreuse,
Et tous les moines noirs, et les blancs, et les gris ;
En un mot, tous ceux-là qui sont dans la souffrance
S'écrient : « Notre Seigneur, prête-nous assistance ! »
Et tous, dans leur malheur et d'un air langoureux,
Étalent à tes yeux leurs blessures par mille,
Qui pourraient d'Annibal toucher le cœur hostile.

Pour la maison de Dieu montre-toi soucieux :
Elle brûle, éteins donc les moindres étincelles ;
  Aussitôt seront calmés
Les esprits que tu vois par la haine enflammés.
De là naîtront pour toi des gloires éternelles.

Les aigles, les serpents, les lions et les ours
Par de rudes assauts assaillent tous les jours
Une grande colonne, et puis s'entre-déchirent.
Dans Rome de ces faits les cœurs nobles soupirent,
Dans Rome qui t'appelle à chasser désormais
Les herbes qui des fleurs ne produiront jamais.
Depuis plus de mille ans elle ressent l'absence
De ces cœurs généreux qui firent sa puissance,
Et rendirent son nom respecté, glorieux.
Ah ! quel peuple insolent, follement orgueilleux,
L'envahit, et ne sait respecter telle mère !
  Mais toi l'époux, toi le père,
De ta seule valeur on attend tout secours.
D'autres soins du saint-père appellent le concours.

Rarement il advient que l'injuste fortune
N'ait pour les beaux desseins une grande rancune ;
Je lui crois peu d'amour des nobles actions.
En te donnant accès aux grandes fonctions,
De bien nombreux griefs à lui pardonner j'aime,
Si différente ici je la vois d'elle-même !

Car, autant qu'en ce monde on peut s'en souvenir,
Jamais mortel ne put aussi bien obtenir,
Comme toi tu le peux, une gloire immortelle,
En rendant, si je n'erre, à la ville éternelle
Son antique splendeur, l'arrachant à son deuil.
   Et quel sera ton orgueil
D'entendre dire : « Un tel l'aida jeune et puissante,
Et lui l'arracha vieille à sa mort imminente ! »

Tu pourras voir, Canzon, sur le roc tarpéien
Un noble chevalier que l'Italie honore,
De l'intérêt d'autrui plus jaloux que du sien.
Dis-lui : « Quelqu'un qui n'a vu ta personne encore,
Qui par la renommée a connu ta valeur,
   Dit que dans son grand malheur
Rome, baignant ses yeux de larmes bien chagrines,
Implore ton secours du haut des sept collines. »

SONNET VIII

La guancia, che fu già piangendo stanca

Au seigneur Agapito, le priant de recevoir en souvenir quelques cadeaux de peu de valeur. Ce seigneur Agapito était neveu des Colonna. Pétrarque fut son instituteur à Avignon.

Sur l'un de ces trois dons posez votre visage,
Que vos larmes ont dû fatiguer, cher seigneur,
Et montrez désormais un peu plus de froideur
Au cruel qui blanchit ses amis avant l'âge.

Fermez par le second l'accès de votre cœur,
Vers qui ses messagers s'ouvrirent un passage,
Et quand le temps est court pour notre long voyage,
Combattez-le sans cesse avec la même ardeur.

Puis avec l'autre enfin buvez le suc d'une herbe
Qui, bien doux à la fin, mais au début acerbe,
Purgera votre cœur des pensers soucieux.

Daignez donc me placer où [1] le plaisir se gare,
Pour que même la mort jamais ne nous sépare,
Si mes désirs ne sont pas trop ambitieux.

---

1. Le cœur.

SONNET IX

Piangete, donne, e con voi pianga Amore

Il invite les dames et les amants à pleurer avec lui la mort
de Cino de Pistoie.

Pleurez avec l'Amour, pleurez, dames, en chœur ;
Pleurez, amants, pleurez sous toute latitude :
Car il est mort celui dont la sollicitude
Fut, pendant qu'il vivait, de vous combler d'honneur.

De grâce, je t'en prie, ô ma dure douleur !
Laisse-moi donc pleurer en toute quiétude,
Laisse-moi soupirer triste en ma solitude
Autant qu'il le faudra pour soulager mon cœur.

Pleurez, mes vers ; pleurez, mes rimes ; car naguère
Loin de nous est parti, désertant cette terre,
Notre bien cher Cino, le poëte amoureux.

Pleurez, concitoyens pervers ; pleure, Pistoie,
Car vous avez perdu ce voisin valeureux,
Et le ciel de l'avoir manifeste sa joie.

SONNET X

Orso, al vostro destrier si può ben porre

A Orso d'Anguillera, qui regrettait de ne pouvoir se trouver à un carrousel. Orso d'Anguillera épousa une demoiselle Colonna. Il était sénateur romain, et assista en cette qualité au couronnement de Pétrarque.

Orso, l'on peut bien mettre à votre destrier
Un frein qui d'arrêter sa fougue ait la puissance,
Mais votre noble cœur, qui tant d'indifférence
A pour tout, fors l'honneur, qui prétend le lier?

Ne soupirez donc point : on ne peut lui nier
Le renom de bravoure, et, malgré votre absence,
Qui ne dépend de vous, le public dit d'avance
Que déjà pour lutter il est là le premier.

Qu'il vous suffise donc qu'audit jour il s'empresse
D'être présent en lice, avec cette noblesse
Que lui donnent le sang, et l'âge, et la valeur,

Criant : « Un beau désir me transporte et m'enivre,
Ainsi que mon seigneur ; de n'avoir pu me suivre
Ses regrets sont bien grands, et grande sa douleur. »

SONNET XI

Vinse Annibal, e non seppe usar poi

A Étienne Colonna, pour l'engager à poursuivre sa victoire
contre les Orsini.

Annibal fut vainqueur, mais après sa victoire
Il ne sut profiter du succès, du bonheur.
Par de plus sûrs moyens veillez donc, cher seigneur,
Qu'il n'en advienne autant à votre grande gloire.

Voyant que ses oursons d'un si cruel déboire
Se sont repus en mai, l'ourse dans sa fureur
Tacitement rugit, et, voulant son honneur
Venger, polit sa griffe et de ses dents l'ivoire.

Pendant que son tourment est encore nouveau,
Ne remettez donc point le glaive en son fourreau,
Et suivez vaillamment la route où vous appelle

Votre sort souriant, votre fortuné sort,
D'où peut venir pour vous une gloire immortelle
Dans les siècles futurs, longtemps après la mort.

SONNET XII

L' aspettata virtù, che 'n voi fioriva

A la vertu de Malatesta, seigneur de Rimini, qu'il veut rendre
immortel en chantant ses louanges.

Lorque l'amour vous fit sentir sa flamme vive,
La valeur dont je vis alors la floraison
Porte un fruit maintenant qui ma prévision
Et ma haute espérance à bien combler arrive.

Aussi mon cœur me dit qu'il faudra que j'écrive
Pour donner un grand lustre à votre propre nom :
Car le marbre et l'airain n'ont même le renom
De faire qu'ici-bas bien longtemps on survive.

Croyez-vous que César, ou bien que Marcellus,
Ou Paul, ou l'Africain, fussent jamais venus
Si grands, si renommés, par le marteau, l'enclume ?

Pandolfe, ces travaux sont frêles et mortels
Pour traverser les temps ; seuls les écrits, la plume,
Peuvent rendre les faits et les noms éternels.

CANZONE III

Una donna più bella assai che 'l sole

Éloge de la Gloire et de la Vertu. Il est devenu amoureux de la gloire, parce qu'elle lui montrera le chemin de la vertu. Dans la première strophe il fait allusion à son poëme de l'*Affrica*.

Une dame, éclipsant Phébus par sa beauté
Et d'un éclat plus grand, d'égale antiquité,
    Par son charme renommée,
M'enrôla, jeune encor, dans sa brillante armée ;
Et dans tous mes pensers, paroles, actions
(Car on voit rarement plus beau qu'elle sur terre),
    En toutes directions,
Je l'eus seule pour but, pour unique lumière.
Par elle je changeai de penser et de bord,
Quand je sentis de près le feu de sa prunelle ;
    De très-bonne heure pour elle
J'entrepris un labeur qui m'effraya d'abord.
Que si je puis un jour voir ma tache finie,
    Je serai toujours en vie,
Lorsque depuis longtemps je serai déjà mort.

Bien des ans je marchai guidé par cette dame,
Pour elle toujours plein d'une inexperte flamme,

Comme aujourd'hui je le sens,
Et j'en suis redevable à mon esprit plus sage,
Ne voyant que son ombre, ou ses beaux vêtements,
Ou son voile parfois, mais jamais son visage.
Et moi qui croyais pourtant
Que je la voyais bien, je vécus fort content
Au printemps de ma vie, ô douce souvenance !
Mais quand d'elle j'eus fait plus ample connaissance,
Car son visage charmant
Je l'aperçus alors tel qu'il était vraiment,
Je sentis dans mon cœur et je ressens encore
Un frisson qui me dévore,
Qui peut autant durer que mon enchantement.

Et, quoique la frayeur en moi fût excessive,
D'une telle vigueur mon âme je dotai
Qu'à ses pieds je me jetai
Pour puiser dans ses yeux la douceur la plus vive.
Mais elle, qui son voile avait vite écarté :
« Ami, dit-elle, vois mon rayonnant visage,
Combien grande est ma beauté ;
Tu peux me demander ce qui plaît à ton âge.
— Depuis longtemps en vous j'ai placé mon amour,
Lui dis-je, et je le sens si brûlant en ce jour
Que toute autre jouissance
Me verrait insensible à sa douce influence.
— Mais, dit-elle (et d'un ton si doux, si caressant

> Et d'un air si ravissant
Qu'en moi ne cesseront la crainte et l'espérance),

Il est rare que ceux qui, sachant ma valeur,
Dans ce monde où la foule est tellement nombreuse,
> N'aient ressenti dans leur cœur
Pour moi quelques instants d'une flamme amoureuse,
Mais ma triste adversaire, elle si dédaigneuse
Du beau, vite détruit tout généreux dessein.
> Vient alors un souverain
Qui promet une vie agréable et tranquille.
L'Amour, à qui ton cœur fut tout d'abord docile,
T'a dépeint à mes yeux si bien, en vérité,
> Que tu seras rendu digne
D'atteindre au noble but de ton désir insigne ;
Et parmi mes amis puisque je t'ai compté,
> Tu verras une autre femme [1]
Qui beaucoup plus que moi captivera ton âme. »

Je voulus m'écrier : « Vous croire je ne peux »,
Lorsqu'elle dit : « Regarde, élève un peu tes yeux,
> Vois en ce réduit paisible
Celle qui fut toujours pour peu de gens visible. »
Aussitôt je baissai mon front en rougissant,
Car dans moi je sentis un feu bien plus puissant.
> Puis elle dit souriante :

---

1. La Vertu.

« Ta pensée est pour moi, sache-le, transparente ;
Et comme le soleil par ses feux radieux
Rend toute étoile pâle et bien moins apparente,
  Ainsi paraît à tes yeux
Moins grande ma beauté, par la sienne éclipsée.
Mon amitié pour toi n'est pourtant point froissée,
  Car nous reçûmes le jour,
Elle d'abord, puis moi, dans le même séjour. »

Mais ma voix, que la honte avait d'abord su rendre
Captive, quand je vis avec étonnement
  Qu'elle avait pu me comprendre,
Libre redevenant de son saisissement,
Je lui dis : « Si c'est vrai ce que je viens d'entendre,
Que béni soit le père et béni soit le jour
Qui de vous ont doté le monde en leur amour,
Et le temps dont j'ai fait pour vous voir la dépense !
Si loin du vrai chemin je fus parfois errant,
Beaucoup plus qu'on ne croit mon chagrin en est grand ;
  Mais, si de votre existence
J'étais bien mieux instruit, quel serait mon bonheur ! »
Pensive, elle me dit (et fixes et si belles
  M'apparurent ses prunelles
Que sa voix et ses traits sont gravés dans mon cœur) :

« Apprends que toutes deux nous sommes immortelles,
Ainsi l'a décrété notre Père des cieux ;

Mais pour vous, ô malheureux !
Il vous importe peu que nous soyons si belles !
Jadis on eut pour nous un culte surprenant ;
Pour nous l'indifférence est telle maintenant
    Que ma sœur d'une aile agile
Va vite s'envoler dans son antique asile ;
Moi, je ne suis qu'une ombre, et je t'ai déjà dit
Tout ce qu'un entretien court peut rendre facile. »
Puis elle s'éloigna de moi tout interdit,
Me disant : « Ne crains point si là je t'abandonne. »
Et, cueillant un rameau sur un laurier voisin,
    Elle tressa de sa main
Tout autour de mon front une verte couronne.

Canzon, si quelqu'un dit : « C'est trop d'obscurité, »
Réponds-lui : « Patience, et bientôt, je l'espère,
    Une nouvelle messagère
Vous contera le vrai dans toute sa clarté. »
J'avais pour mission de préparer la voie,
    Si celui-là qui m'envoie
M'a bien dit en partant l'exacte vérité ;

SONNET XIII

Quelle pietose rime, in ch' io m' accorsi

A M. Antoine de Beccari, de Ferrare, pour le tranquilliser et pour
le convaincre qu'il vit encore.

Vos vers touchants et pleins d'une amitié si pure,
Où j'ai vu votre esprit vivement éclater,
M'ont tellement ému que je veux me hâter
De vous expédier cette brève écriture,

Pour que votre bon cœur promptement se rassure :
Car la mort, que je dois comme vous redouter,
Ne m'a point assailli, quoique sans m'en douter
J'étais parvenu presque à sa demeure obscure ;

Mais je rétrogradai, car je voyais écrit
Sur le seuil que l'instant par le destin prescrit
N'était encor venu de clore ma paupière.

Et je n'ai pu savoir ni l'heure ni le jour.
Donnez-vous donc, seigneur, un calme salutaire,
Et recherchez quelqu'un digne de votre amour.

CANZONE IV

Italia mia, benchè 'l parlar sia indarno

Aux grands d'Italie, les priant de la délivrer une bonne fois de son dur esclavage, de mettre fin à toutes les dissensions intestines et de constituer un bon gouvernement.

Quoiqu'en vain je m'épuise à toujours discourir,
  Italie, et sans guérir
Tes blessures, qui sont profondes et mortelles,
Je désire pourtant rendre mes plaintes telles
  Que l'Arno peut l'espérer,
Et le Pô, près duquel je m'assieds pour pleurer.
  Roi du ciel, je t'en supplie,
Toi qui sur terre vins pour notre seul bonheur,
Daigne donc contempler ta bien chère Italie;
  Vois, compatissant Seigneur,
Pour de légers motifs quelles guerres terribles;
  Rends-les donc, ces cœurs, sensibles
  Que Mars dans sa cruauté
Endurcit tellement, ô notre divin maître!
  Et fais que ta vérité
Par ma faible valeur fortement les pénètre.

Vous qui tenez du sort le soin de diriger
        Ces admirables contrées
Que sans nulle pitié vous voyez déchirées,
Qu'avez-vous donc besoin de secours étranger !
        Quoi ! vos verdoyantes terres,
Vous voudriez les rougir des flots d'un sang impur ?
        Que vos erreurs sont grossières !
Voyant mal, vous pensez bien faire, j'en suis sûr,
En demandant l'amour à des cœurs mercenaires ;
        Et celui qui plus de gens
Possède est entouré d'ennemis en tous sens.
        De quel étrange refuge
        Descend ce fatal déluge
Pour inonder nos champs et pour nous asservir ?
        Notre bras seul, j'en suis juge,
Mais non celui d'autrui, saura nous affranchir.

La nature eut pour nous amour et prévoyance,
        Quand elle assit la défense
Des Alpes entre nous et le peuple germain.
Mais votre aveuglement, contraire à votre bien,
        A produit un tel ravage
Que vos membres si sains deviennent languissants :
        Aujourd'hui la même cage
Renferme les agneaux et les loups rugissants.
Et de là les meilleurs constamment en gémissent ;
        Car, pour comble de douleur,

Ces peuples sont de ceux qui les lois ne subissent,
      Dont Marius en fureur
      Fit une hécatombe telle
Que la mémoire en est parmi nous immortelle,
      Quand, pour se désaltérer,
Autant de sang que d'eau du fleuve il dut tirer.

Je me tais sur César, qui sur toutes les plages
      Leur sang partout répandit,
Partout où notre fer fit sentir ses ravages.
Maintenant je ne sais par quel astre maudit
      Rome n'est du Ciel aimée.
Grâce à vous qui tenez si belles missions,
      Grâce à vos divisions,
Oui, la plus belle part du monde est opprimée.
Pourquoi, pour quelle cause ou bien par quels destins
      Tourmentez-vous vos voisins?
Pourquoi troubler ainsi le pauvre et le faible être?
      Pourquoi chercher ou permettre
      De vendre ou bien d'acheter
Les âmes et le sang comme une marchandise?
      Je parle pour constater,
Sans qu'autrui je déteste ou que je le méprise.

Quoi! tant de faits n'ont pu vous dévoiler encor
      Le bavarois artifice
Qui loin de les braver fuit les coups de la mort?

L'insulte, à mon avis, prime le préjudice.
  Mais, bien plus abondamment
Votre sang coule, aussi vous luttez vaillamment.
  Et sachez que peu vous aime
L'étranger qui n'a pas l'estime de lui-même.
Pensez-y fréquemment, c'est clair pour tous les yeux.
  Sang latin, sang généreux,
Brise-le donc, ce joug trop lourd qui te désole,
  Et ne fais plus une idole
  D'un vain nom, sans but réel.
Si telle nation de si brutale engeance
  Nous prime en intelligence,
C'est vraiment notre faute et c'est peu naturel.

Est-ce bien là le sol que foula ma jeunesse ?
  Est-ce là le bien doux nid
Où je reçus enfant des soins pleins de tendresse ?
La patrie est-ce là que mon cœur tant bénit,
  Qui, douce et pieuse mère,
Recelle dans son sein et ma mère et mon père ?
  Au nom du Ciel, que vos cœurs
Se laissent émouvoir ; prenez pitié des pleurs
D'un peuple infortuné qui vit dans la souffrance,
  Qui n'attend sa délivrance
Que du Ciel et de vous, et pour peu qu'un rayon
  Brille de compassion,
  La vertu victorieuse

Sera dans peu d'instants des féroces Germains,
     Car la valeur des Romains
Au cœur italien vit encor vigoureuse.

Sachez-le donc, seigneurs, que le temps vite part,
     Et combien promptement passe
Notre vie, et la mort sans cesse nous menace.
Quoique ici maintenant, pensez au grand départ:
     Car à ce passage grave
L'âme doit arriver libre de toute entrave.
     Au sortir de ces séjours,
Vous devez tous laisser les haines, les colères,
A la paix éternelle absolument contraires;
     Et, loin de causer toujours
Des ennuis au prochain, qu'à faire on s'ingénie
     Des œuvres d'art, de génie,
     Quelque éloge chaleureux,
Ou quelque noble étude. Ainsi sur terre on goûte
     Le bonheur, et, sans nul doute,
On parvient sans obstacle au séjour des heureux

     Canzon, sois bien avertié
Que tes motifs tu dois dire avec courtoisie;
A des gens orgueilleux je les ai destinés,
     Dont les cœurs sont dominés
De mauvais préjugés, enracinés, antiques,
     Et du vrai peu sympathiques.

Peu d'hommes tu verras qui pour le bien soient faits,
  Et généreux par nature ;
  Dis-leur : « Qui me rassure ? »
Moi je leur dis bien haut : « La paix, la paix, la paix ! »

SONNET XIV

Fiamma dal ciel su le tue trecce piova

Il invective contre les scandales qu'affichait à cette époque
la cour d'Avignon.

Pourquoi le feu du ciel sur toi donc ne descend,
Infâme, qui d'abord pauvre, modeste et pure,
Si fière es maintenant et riche outre mesure,
Et qu'à faire le mal ton plaisir est si grand !

Nid de la trahison, où naît, d'où se répand
Le mal qui de nos jours règne dans la nature,
Tu vis dans les excès, dans une couche impure,
Et dans toi la luxure à son comble s'étend.

Dans tes chambres, les vieux, les filles impudiques,
A l'aide des soufflets, des feux et des miroirs,
Se livrent à des jeux honteux et sataniques.

Jadis tu ne vécus en de riches manoirs,
Mais nue et sur la ronce, à tous vents asservie,
Et maintenant le Ciel a dégoût de ta vie !

SONNET XV

L'avara Babilonia ha colmo 'l sacco

Il prédit à Rome la venue d'un grand personnage qui lui rendra son antique puissance. Il désigne Avignon sous le nom de Babylone, et Rome sous celui de Bagdad.

Babylone a lassé la divine indulgence,
Et son sac ne peut plus ses vices contenir,
Le trop plein en déborde; elle ne sait bénir
Que Bacchus et Vénus, les dieux de la licence.

Je suis las d'appeler l'heure de la vengeance;
Mais un nouveau sultan[1] pour elle va venir,
Qui fera (je voudrais bien près cet avenir)
Un seul siége, en prenant Bagdad pour résidence.

On verra sur le sol ses faux dieux étalés,
Et ses superbes tours, du Ciel même ennemies;
Et leurs maîtres dehors comme au dedans brûlés.

Des âmes en ce temps des vertus bien amies
Gouverneront le monde; et nous verrons encor
Les antiques hauts faits et partout l'âge d'or.

---

1. Un nouveau pape.

SONNET XVI

Fontana di dolore, albergo d' ira

Il attribue la culpabilité de la cour de Rome aux libéralités de Constantin.

Fontaine de douleur, antre de la colère,
Temple de l'hérésie, école de l'erreur,
Jadis Rome, aujourd'hui Babylone sans cœur,
Pour qui tant on gémit et tant on désespère,

O forge d'artifice ! ô prison délétère !
Où germe le poison, où tout bien vite meurt,
Toi l'enfer des vivants, grand sera ton bonheur
Si contre toi le Christ enfin ne s'exaspère.

Chaste tu fus créée et dans la pauvreté,
Envers tes fondateurs ton cœur s'est révolté ;
Vile prostituée, où gît ton espérance ?

Est-ce dans l'adultère, ou ta vile opulence ?
Si Constantin ne peut te reprendre ses biens,
Qu'ils te les prennent donc tes corrompus soutiens !

SONNET XVII

Quanto più disiose l' ali spándo

Éloigné de ses amis, il vole au milieu d'eux par la pensée, et son cœur
reste avec eux à Venise.

Plus de voler vers vous je sens mon désir grand,
O vous, mes bons amis, dont la troupe est nombreuse,
Plus ma fortune met sa glu pernicieuse
A mon aile, et me force à toujours être errant.

Mon cœur, que j'en distrais bien malgré lui pourtant,
Est sans cesse avec vous sur la plage joyeuse,
Où l'on voit notre mer dans le sol sinueuse.
Avant-hier je l'ai quitté, mais en pleurant.

Je pris à gauche, et lui le droit chemin et vite ;
Lui vers Jérusalem, moi-même vers l'Égypte ;
Moi par force contraint, lui par l'amour conduit.

Mais la douleur s'apaise avec la patience,
Car depuis bien longtemps, le sort nous y réduit,
Ensemble rarement coule notre existence.

SONNET XVIII

S' io fossi stato fermo alla spelunca

Il déclare que, s'il avait persisté dans ses études, il aurait maintenant la réputation d'un grand poëte.

Si j'avais pris séjour avec plus de ferveur
Près de la grotte où fut Apollon fait prophète,
Florence aurait peut-être aujourd'hui son poëte,
De même que Vérone et Mantoue ont le leur.

Mais, puisque mon terrain ne reçoit plus l'humeur
Du rocher fécondant[1], de toute autre planète
Je devrais m'inspirer et faire place nette
Des ronces qui mon champ tiennent dans la torpeur.

L'olivier est bien sec, ailleurs s'est détournée
L'onde si bienfaisante au mont Parnasse née,
Qui les fit dans un temps par sa vertu fleurir.

Ainsi, soit par ma faute, ou par destin peut-être,
Je ne porte un bon fruit, si le souverain Maître,
Dans sa grande bonté, ne vient me secourir.

---

1. La source de Castalie.

SONNET XIX

Vincitor Alessandro l' ira vinse

Sur les résultats fâcheux produits par la colère immodérée,
d'après les exemples des grands hommes.

Alexandre, vainqueur, par l'ire fut réduit,
Et fut moins grand par là que Philippe son père :
Que lui sert que Lysippe en marbre ait pu le faire,
Ou qu'Apelle en peinture ait ses traits reproduit?

La colère poussa Tydée à tel dépit
Qu'il rongea Ménalippe en quittant cette terre;
La colère à Sylla fit perdre la lumière,
Par elle aussi la vie à la fin il perdit.

Et Valentinien, je crois qu'il ne l'ignore,
Car sa fin fut pareille; Ajax le sait encore
Qui sur tant d'autres fut comme sur lui si fort.

Colère c'est folie, et, quand on ne la dompte,
Elle se change en rage, et souvent de la honte
Elle nous rend victime, et parfois de la mort.

SONNET XX

Mai non vedranno le mie luci asciutte

Il remercie Jacques Colonna de ses sentiments affectueux à son égard. Ce sonnet fut composé par Pétrarque après la mort de Colonna et en réponse à un sonnet qu'il en avait reçu.

Je ne verrai mes pleurs s'arrêter en chemin,
Et mon cœur ne sera jamais calme et tranquille,
En pensant à ces vers où ton amour petille
Et que l'amitié semble avoir faits de sa main.

Esprit qui fus vainqueur dans tout combat humain,
Dont maintenant du ciel tant de douceur distille,
Qui dans l'antique voie as ramené mon style,
D'où l'avait fait sortir un trépas[1] inhumain,

J'avais compté t'offrir quelque autre œuvre nouvelle
De ma plume : d'où vient qu'une étoile cruelle
Fut de nous deux jalouse, ô mon noble trésor ?

Pourquoi suis-je privé de toi trop tôt encore ?
Mais mon cœur te voit bien et ma langue t'honore.
En toi, mon doux soupir, mon âme est dans son port.

---

1. La mort de Laure.

POÉSIES

RECUEILLIES A L'OCCASION DU CINQUIÈME CENTENAIRE
DE PÉTRARQUE A AVIGNON

PÉTRARQUE

Sa tête retomba sur ses livres ouverts ;
Il était mort. L'étude avait usé la lame.
Il était altéré du céleste dictame :
Dieu le prit, couronné de lauriers toujours verts.

La fontaine amoureuse où fut son univers,
Il voulut la revoir ; en s'envolant, son âme
Y passa pour y faire un sonnet à sa Dame ;
Un sonnet, un poëme, un miracle de vers.

Et, quand au paradis il eut retrouvé Laure,
Dieu lui dit : « Ton amour fut beau comme l'aurore,
« La pâle volupté ne l'obscurcit jamais :

« Devant ta passion ma justice est muette,
« Et puisqu'elle n'eut rien de la terre, ô poëte !
« Aime Laure aujourd'hui comme hier tu l'aimais. »

ARSÈNE HOUSSAYE
Président d'honneur de l'Académie des poëtes.

APPARITION

DE LAURE A PÉTRARQUE

6 avril 1327.

. . . .
C'était aux premiers jours de la fleur printanière,
A l'heure où du matin la divine courrière
Luit encore au sommet de la voûte des cieux.
Avignon se rendait gravement aux saints lieux
Pour baiser les pieds morts du rédempteur du monde.
Un jeune clerc, déjà de science profonde,
Allait aussi, pensif, accomplir son devoir.
L'église d'un couvent, celui de Sainte-Claire,
Se trouvant sur ses pas, il entre, et vers la pierre
Où tremble l'eau bénite il dirige sa main.
A peine est-elle au bord qu'une dame, soudain,
Y présente la sienne, et, dérangeant son voile,
Découvre deux yeux bleus plus brillants qu'une étoile.
Le rêveur ébloui crut voir à son côté
Un esprit pur du ciel, un ange de clarté.
Jamais femme n'avait montré beauté pareille ;
Si bien qu'au prompt départ de la jeune merveille,
Immobile, longtemps il la suivit des yeux,
Oubliant tout, le monde et l'heure et les saints lieux...
. . . .

AUGUSTE BARBIER
de l'Académie Française

SONNET XII DU SECOND VOLUME

TRADUIT EN PATOIS PROVENÇAL PAR FRÉDÉRIC MISTRAL

PETRARCO A VAU-CLUSO

Mai non fu' in parte ove si chiar vedessi.

Jamai fuguère en lio mounte tant clar veguèsse
Ço que vèire voudriéu, despièi que noun l'ai vist ;
Ni mounte en liberta iéu tant me sentiguèsse
Emé tant, dins lou cèu, d'amourous cridadis ;

Ni veguère jamai coumbo que tant aguèsse
D'endré pèr souspira, fidèu e pausadis,
E crese pas qu'en Cipre Amour jamai tenguèsse,
Nimai en autro part, tant siau e brave nis.

Aqui parlon d'amour la font, l'auro, la prado,
Lis aucelet, li pèis, li flour, l'erbo dou bord,
Tòuti ensèn me prechant la vido enamourado.

Mai tu que d'eilamount me sones, benurado,
Fai, pèr lou souveni de toun acerbo mort,
Que mesprese lou mounde e sa douço abéurado.

A PARIS

DES PRESSES DE D. JOUAUST

Imprimeur breveté

RUE SAINT-HONORÉ, 338

M DCCC LXXVII

www.ingramcontent.com/pod-product-compliance
Lightning Source LLC
Chambersburg PA
CBHW070752170426
43200CB00007B/752